业主自治手册

舒可心 著

人民出版社

责任编辑:罗少强
装帧设计:周涛勇

图书在版编目(CIP)数据

业主自治手册/舒可心 著. —北京:人民出版社,2018.7
ISBN 978 − 7 − 01 − 019331 − 1

Ⅰ.①业…　Ⅱ.①舒…　Ⅲ.①物业管理-中国-手册
　Ⅳ.①F293.347 − 62

中国版本图书馆 CIP 数据核字(2018)第 092254 号

业主自治手册
YEZHU ZIZHI SHOUCE

舒可心　著

人 民 出 版 社 出版发行
(100706　北京市东城区隆福寺街 99 号)

环球东方(北京)印务有限公司印刷　新华书店经销

2018 年 7 月第 1 版　2018 年 7 月北京第 1 次印刷
开本:880 毫米×1230 毫米 1/32　印张:8.25
字数:110 千字　印数:0,001-5,000 册

ISBN 978 − 7 − 01 − 019331 − 1　定价:38.00 元

邮购地址 100706　北京市东城区隆福寺街 99 号
人民东方图书销售中心　电话 (010)65250042　65289539

目　录

关于"真理"

董　藩

　　舒可心要出一本书，是他过去十几年来在网上回答网友们的问题的整理，邀我写个东西放在书里。我知道舒可心研究中国业主群体的组织规律和物业管理活动的商业规律等很多年，被称为"民间物业管理专家第一人"。我有点期待舒可心的书，想看看中国业主群体究竟是怎样的现状，他们都遇到了什么棘手的问题，以至于舒可心回答了十几年他们都还没有找到满意的答案。

　　前一段流行"分答"，我也花六块六向舒可心提了一个问题：业委会与物业公司同时找你做顾问，遇到纠纷时你是啥立场？说实在的，这个问题不太好回答。我一直在研究中国房地产市场的运行规律，也提出过一些引发广泛争议的预测。如果有人问我类似的问题，我又该怎么回答呢？我是什么立场？我站在"哪一边"？

　　可见回答别人提给你的问题非常不易，更何况回答十几年还不跑偏。当然偶尔跑偏了也没事儿，毕竟每个人坚信真理不会只有一个。

我又把自己绕里头了。太多的事儿根本不会有唯一"真理"的答案，它有太多的可能性。舒可心回答说："我的立场是让双方利益最大化，损失最小化。"怎么做才可能"让双方利益最大化"？谁做到了？我更想知道持续了一个时代的问答都是什么。

小区扩展治理中的专业知识

毛寿龙

在一生中，大多数情况下，人都是在无怨无悔的状态中生活的。我们每天早上起来做饭、吃饭，然后出去上学或者工作，或者游玩，然后吃午饭，然后进行下午的活动，然后吃晚饭，然后看看电视、聊聊天，或者继续白天的工作，然后上床做梦。

这一切都有赖于正式的国家和社会的结构。这些结构构成了传说中的"君子不器"的秩序。这一秩序没有具体的用途，也就是"不器"，所以常人们是不会去考虑的，那是"君子"的事情，但它具有扩展的意义，它规范我们和家人、朋友以及更多的陌生人的关系，而且让我们和即使生活在地球另一侧的人相处也毫无问题。我们很多情况下已经习以为常，就像眼睛和牙齿很好用，我们根本想不起来其存在那样。但一旦眼睛发炎了，牙齿疼了，那可是要命的事情。怎么办？这个时候我们可能会先熬一熬，过几天眼睛自己好了，牙齿也不疼了。实在不行了，就想着去找医生，找医生之前很多人还会去找找书、上上网，看看书上怎么说的、网上怎么说的，在去看医生之前至少自己心里有数。

小区秩序也是一样。我们每天在小区居住，平时没事谁也感觉不到这里面有啥玄机。但是一旦我们仔细观察，就会发现，我们会有很多问题。开发商的问题：我们小区和开发商是啥关系？开发商拿着我们小区的土地使用权证，重要吗？开发商是否拥有小区的地下停车位？小区住房有质量问题，开发商有什么责任？物业的问题：我们作为业主，交的物业费足够吗？交的物业费花得好吗？有人监管吗？这届物业怎么拿了钱不怎么干活？小区垃圾成堆，绿化没人及时浇水，没人及时修剪草坪，小区到了春天没有什么花而别的小区都是花团锦簇。业委会的问题：小区有业委会吗？业主大会怎么没见开过？怎么成立业委会？业委会这帮人天天在琢磨啥？政府的问题：居委会和业委会是啥关系？保安和片警是啥关系？小区配套的公共服务和政府公共服务是啥关系？小区内整整齐齐，为啥围墙外好多垃圾？政府的社区服务和物业公司是啥关系？政府为什么和居委会关系那么好，和业委会关系总是那么差？还有种种问题，加在一起可以列一个非常长的清单，而且没有穷尽。这些问题还是一般的问题，如果碰到具体的权利侵害的事情，我们很多人还会义愤填膺，充满愤怒，很多行为也会因此而扭曲，然后就出现了种种冲突，不仅问题没解决，还纠纷不断。我最近看到的最新问题是，有一个朋友的小区两棵大树遭人砍伐，不知怎么办。还有一个问题是，一位朋友在郊区农村以荣誉村民的方式购买了一套小产权住宅，村里经常要求其交钱干这干那，而且都是村里说了算，他觉得很不公平，一肚子气，也想要问问为什么。这些问题处理好了，风平浪静；一旦处理不好，不仅破坏平静，而且还会导致连带出现新的问题，从而让小区治理进入恶性循环。显然，合理理解和理性处理这些问题，尤其是用专业知识去解决问题，是多么重要。

要获得这方面的专业知识，有很多办法。一个办法是自己慢慢学习研究，亲身实践，干中学。这就像一个无知无畏的勇士，在原始森林里劈山开路，披荆斩棘，走出一条自己的路来。这条路对早期业主来说，是唯一的选择。一个办法是沿着前人走过的路，找一个向导，慢慢前进。这是到目前为止很多业主走的道路。还有一个办法就是，向专业的人提问，咨询这些问题，或者去找一本很专业的书来看看。现在的业主就可以这样做了，因为舒可心就是这样一个专业的人，他开设了一个网上论坛，专门回答业主的种种问题。《业主自治手册》就是这样一本书，这本书就是从一大堆网上提问的回答里整理出来的。可以这样说，这本书是给在小区生活中遇到困难一脸迷茫不知怎么办的人写的。在这本书里，舒可心以问答的形式，从法律、文件和实际操作的角度，详细地解答了小区治理的常见问题。这些回答，不仅有相关的法律条文，还有实操方法，更重要的是它们还回答了业主心中的很多困惑，甚至给业主设定了困惑的边界，是小区扩展治理中的专业知识。很多困惑，其实是不应该的，因为"自主治理里没有谁能够揣着手看着别人干活"！

希望有更多的业主能够看到这本书，能够早日摆脱小区治理中的种种困境！

是为序！

舒可心老师思考与社区实践的价值

北　野

凡是关心自己的家、关心社区建设的人没有不知道舒可心老师的。我非常高兴见到经过这些年的思考和努力，在一些志同道合的网友的帮助下，舒老师可以出这样一本"业主维权指南"的书，希望此书可以帮助业主减少维权的痛苦，政府在履行自己的职责时也有一个新的参考指标。

《你所预见的小区的未来》① 作为书名，体现了两层意思：第一，业主维权，社区建设本身是面对未来的，因为有什么样的业主就会有什么样的社区，业主的公民意识及行动力将最终决定小区作为利益共同体的未来。第二，舒可心老师这些年的思考和实践，即使今天看，依然是面对未来的。这是中国文明在互联网时代及全球一体化大背景下的"当代性"。

我和舒可心老师认识有十多年了，他是一个少有的精力充沛，对业主维权充满激情且富有智慧的人。他常常对那些业主维权领袖说：我们这些人就是"华盛顿"。不管大家怎么笑，他是

---

①　曾经设想的书名之一。

认真的。如果你认识到"社区建设是国家建设的基础",参与社区建设就是最好的公民训练,就是面对未来让祖国更美好的实践,你就会真正理解舒可心老师的热情和快乐!

古语云:一屋不扫,何以扫天下。社区建设就是让中国人知道什么是打扫自己的屋,如何把自己的家建设好,让自己可以过有尊严的生活。如果说数千年来中国一直处在臣民社会,无法完成现代公民社会的转型,那么,社区建设就是人人可以参与的中国从古代向现代公民社会的转型。这样的转型是前所未有的!古代的家天下,正在社区层面成为"以私有财产为核心,以共有财产为纽带的微型公民社会"。而舒可心老师就是这个时代的英雄!

舒老师对业主的态度不仅是开放、豁达的,有时也不免"恨铁不成钢",因为业主维权最大的障碍其实是业主自身缺乏公民能力!这些能力包括:理性、相互尊重、遵守规则、共同行动等,而且需要心理成熟,就是要权利也要承担责任、尽义务。中国人习惯于"袖手旁观""搭便车",但舒老师要告诉大家,你们自己的家你们不关心,倒霉的就是你们自己!可能对业主最好的教育就是让他们感到疼痛,并为自己的冷漠付出巨大的财产损失代价。

舒可心老师关于社区的思考和实践是多方面的,除了非常宝贵的实践经验之外,在制度建设方面他的贡献也无人可比,包括社区内各种制度建设,以及他为了提高业主的参与及建立信任和孟宪生律师共同推出的"信托制物业管理合同"。这是一个关于社区建设的了不起的文本。因为没有参与和信任,一切社区建设及业主维权都无从谈起。

至于大家对舒老师以及本书的看法，我相信你们读过之后自有高见。我能对读者说的是：舒老师关于社区的思考和实践，其价值怎么说都不为过。

"居住改变中国，民主从社区开始。"能够有这样感悟的人，是值得尊重并认真阅读他的著作的。

自主治理里没有谁能够揣着手 看着别人干活

参与式编辑小组

2014 年开始，身边几个年轻的朋友陆续卷入了与所居住小区的物业公司的各种矛盾纠纷，分别与无形的体制斗来斗去，却并没有什么结果，无奈之下，着手讨论其他解决方案。一次偶然的机会，看到了舒可心老师主持了十几年的物业管理论坛（2002—2016 年），我们才意识到这么多年来，很多人跟我们有着相同的经历：没事儿的时候一切都风平浪静，感觉可以一辈子无忧无虑地就这么活下去；一旦发生被侵权的事件，个人和庞大的体制之间对抗显得太无力，一夜之间从一个享受服务的"掏钱的人"变成了绝对的弱势群体。我们努力地反思为什么会这样。

就在今天（2016 年 6 月 8 日），社会新闻头条又被一则"方庄住宅楼电梯拖行老人 15 层"刷屏。从去年就嘎吱作响的电梯为什么直到出事还是"没人管"？不说别人，我们中的一位就亲身经历半夜遭遇人为纵火，死里逃生后面对邻居被烧死烧残的惨状，却不知道除了找街道还能做什么。我们一遍遍问自己，遇到这种事，除了事后找政府，我们能不能预防这种情况发生。

我们几个开始努力地看"舒可心论坛"超过 225 页的上万条帖子，学习怎么做才能避免再一次陷入人财两伤的境地。在看论坛的过程中，整理了对我们有用的问答，觉得以后可以给需要的人看，并征得舒可心老师的允许后整理成册。

我们逐渐了解到基于"信任"的公开透明的信托制物业管理体系正是我们想要的物业管理模式——由业主共同决定小区的管理成本，让业主共同决定所有管理事项，同时承担全部责任，包括分摊所有成本。因为业主才是真正的"主人"！虽然我们几个都没有机会真正尝试（多数人还不是业主），但有一次，因为房东拖欠供暖费，物业强行断水的侵权行为发生的时候，我们用所掌握的"知识"和物业公司谈判，不但没有破坏关系，还成功说服了物业公司换种方式解决问题。我们不再是一无所知的租户了。我们获得了跟一个无形的体制谈判的能力！多么令人激动！

又一次征得舒可心老师同意后，我们决定把整理的问答出版，从而分享给更多的人。我们坚信信托制物业管理模式至少会是一个尝试，至少会让这一潭死水泛起一小阵涟漪。我们并不打算从理论层面论证这个模式，因为研究理论不是我们的强项。这本书将保留原有论坛问答形式。每个问题都是过去十几年某个气愤的或绝望的业主以及气愤的或绝望的物业管理从业人员遇到的维权问题和实践中遇到的困惑。舒可心十几年来从未间断地对论坛中每个人提出的问题作出不厌其烦的解答，成为今天我们可以琢磨和讨论的宝贵资源。无论别人如何评价，至少我们六个人觉得有用、有趣、有意思。参与式编辑小组呼吁大家，少些戾气，多些信任；少点埋怨，多点参与。因为自主治理里没有谁能够揣着手看着别人干活。

参与式编辑小组成员为：田苗、王小撞、小台、辛薇薇、赵旭、张可。

1. 城市物业管理的目的是什么？

物业管理，其实是运转和维持（开发商交房时的）现状，或恢复（开发商交房时的）原状。其结果是维持物业安全使用功能和财产价值。但这个理念在中国这种以"改善现状"、"改"则一定是"善"而不会是"恶"为社会奋斗目标的文化中，需要很长的时间才能让大家理解。

小区中业主们拆除或改造室内墙体、封闭阳台、安装防盗门、绿地种菜……很多生活方式与物业管理的宗旨相悖，但又都具有很现实的合理性。这就需要开发商尽可能设计得人性化，需要业主们普遍素质的提高，需要管理人公共服务水平的提高。

这种理念在中国目前还只是一种追求、一个理想。

2. 城市物业小区管理的核心是什么?

城市物业小区的管理,根本上就是一个"钱"字。但细分起来又包括:

1. 问业主们:钱,给没给够;

2. 问物业服务企业:钱,花没花好;

3. 问业主们:钱,看没看住。

城市物业小区的管理实际上就是预算的制订、讨论以及决定所要解决的问题;还有就是对预算监督的问题。

3. 不同的"业态"对物业管理有什么不同的要求？

物业，即财产；物业的业态，即财产的形态、状态。在建筑物物业管理行业中，将不同用途、不同产权形式、不同结构等统称"不同的业态"。

以用途分时，物业管理成本分摊和管理活动有什么特点？

以产权形式分时，物业管理成本分摊和管理活动又有什么特点？

以建筑结构、类型分时，其物业管理成本和管理活动又将展现什么特点？

总之，业态没有一个精确的定义（商业业态也是一样，并不一定分成零售业、批发业，还可能分成服装、鞋帽、食品……）。要在不同的背景中看"业态"不同的定义。

建筑物物业管理文章中，"业态"一般是以住宅的所有权形式（是否是区分所有权建筑物）和用途划分的，这主要是为了方便研究物业管理成本的分摊和管理活动的特点。

4.如何以"规证"划分物业管理区域?

在法律中,并没有"一个'规证'划分为一个物业管理区域"的规定。但在《北京市物业管理办法》中提到:

第五条 建设单位应当在销售房屋前,结合物业的共用设施设备、建筑物规模、社区建设等因素划分物业管理区域,并在房屋买卖合同中明示。

物业主要配套设施设备和相关场地共用的,应当划分为一个物业管理区域;住宅区和非住宅区原则上应当划分为不同的物业管理区域。

反过来,符合上述条件的,一般都是在同一个"规证"中。而有意思的是,"规证"其实不是一个具体的东西,而是"建设用地规划许可证"或(和)"建设工程规划许可证"。我刚刚处理的一个项目,一个建设用地规划许可证的土地范围内,有好几个建设工程规划许可证。到底以哪个"规证"的范围作为物业管理区域划分的依据呢?

其实,依据不是"规证"的边界,而是法律规定的那些条件。

以我处理的那个项目为例，最终的区域划分选择了以"建设用地规划许可证"的边界作为边界。

5.物业管理资质和承接建筑面积问题

在 2007 年重新发布的《物业管理企业资质管理办法》第五条规定，各资质等级物业服务企业的条件如下：

（一）一级资质：

1.注册资本人民币 500 万元以上；

2.物业管理专业人员以及工程、管理、经济等相关专业类的专职管理和技术人员不少于 30 人。其中，具有中级以上职称的人员不少于 20 人，工程、财务等业务负责人具有相应专业中级以上职称；

3.物业管理专业人员按照国家有关规定取得职业资格证书；

4.管理两种类型以上物业，并且管理各类物业的房屋建筑面积分别占下列相应计算基数的百分比之和不低于 100%：

（1）多层住宅 200 万平方米；

（2）高层住宅 100 万平方米；

（3）独立式住宅（别墅）15 万平方米；

（4）办公楼、工业厂房及其他物业 50 万平方米。

5.建立并严格执行服务质量、服务收费等企业管理制度和标准，建立企业信用档案系统，有优良的经营管理业绩。

（二）二级资质：

1.注册资本人民币 300 万元以上；

2.物业管理专业人员以及工程、管理、经济等相关专业类的专职管理和技术人员不少于 20 人。其中，具有中级以上职称的人员不少于 10 人，工程、财务等业务负责人具有相应专业中级以上职称；

3.物业管理专业人员按照国家有关规定取得职业资格证书；

4.管理两种类型以上物业，并且管理各类物业的房屋建筑面积分别占下列相应计算基数的百分比之和不低于 100%：

（1）多层住宅 100 万平方米；

（2）高层住宅 50 万平方米；

（3）独立式住宅（别墅）8 万平方米；

（4）办公楼、工业厂房及其他物业 20 万平方米。

5.建立并严格执行服务质量、服务收费等企业管理制度和标准，建立企业信用档案系统，有良好的经营管理业绩。

（三）三级资质：

1.注册资本人民币 50 万元以上；

2.物业管理专业人员以及工程、管理、经济等相关专业类的专职管理和技术人员不少于 10 人。其中，具有中级以上职称的人员不少于 5 人，工程、财务等业务负责人具有相应专业中级以上职称；

3. 物业管理专业人员按照国家有关规定取得职业资格证书；

4. 有委托的物业管理项目；

5. 建立并严格执行服务质量、服务收费等企业管理制度和标准，建立企业信用档案系统。

······

第八条规定：

一级资质物业服务企业可以承接各种物业管理项目。

二级资质物业服务企业可以承接 30 万平方米以下的住宅项目和 8 万平方米以下的非住宅项目的物业管理业务。

三级资质物业服务企业可以承接 20 万平方米以下住宅项目和 5 万平方米以下的非住宅项目的物业管理业务。

为了方便说明，以"二级"资质企业的"多层住宅"为例。在第五条（资质条件）中，对面积的要求是：

4. 管理两种类型以上物业，并且管理各类物业的房屋建筑面积分别占相应计算基数的百分比之和不低于 100%：

（1）多层住宅 100 万平方米；

（2）高层住宅 50 万平方米；

（3）独立式住宅（别墅）8万平方米；

（4）办公楼、工业厂房及其他物业20万平方米。

这是说，二级资质的企业在"多层住宅"计算时的基数是100万平方米。但可以用正在管理的N个项目的总和来与这个基数进行计算。比如5个项目，总在管面积是120万平方米。那么在"多层住宅"这个百分比上，该企业就达到了"120%"。（当然，规定要求二级资质的企业应该管理两种以上类型的物业。这种情况下，该企业无论再管理另外一种什么类型的物业都能够符合"两种物业类型且百分比之和超过100%"的条件了。）

但是对二级企业来说，第八条又进行了限制：

二级资质物业服务企业可以承接30万平方米以下的住宅项目和8万平方米以下的非住宅项目的物业管理业务。

这就是说，二级企业不能接管超过30万平方米的多层或高层住宅。换句话说，前面说的那个假设中，合计120万平方米的5个项目中，不能有任何一个超过30万平方米。否则，就是涉嫌超资质经营了。

简单总结一下就是：

第五条说的是企业管理某种业态物业所有项目总和的面积基数，并不是面积；

第八条说的是企业管理某种业态物业某个项目最高的允许管理面积。

6.什么是多幢楼的共用设施设备？

如果土地是共用，那肯定是物业管理区域划分的一个非常重要的条件。在我们展开讨论前，请试想，一片共用土地上的花园，划分给一部分建筑物的业主，由这部分业主分摊管理成本，而其他业主不能进入，这就会严重违背公平原则。至于设备设施，其实不是谈"共用"——因为连天安门都是"共用"的——而是谈"共有"，属于这个小区业主共同拥有。

以供水系统为例。是否业主共有，取决于开发商与自来水公司当初规划时签订的合同——自来水公司与本小区的"接口"在哪。如果接口在围墙下的那个总阀门，那么总阀门后到每户业主家水龙头的设备设施均为共有。如果自来水公司与本小区管线接口到分户水表，那么水表前的那些管线则为自来水公司所有，不是业主们共有，其维修、养护成本也不用业主们分摊。

再以供电为例。如果一个小区是"高压自管户"，即这个小区有属于全体业主自己共有及共用的变压器，全体业主要为此分摊管理成本。如果开发商建设完小区将全部电力供应系统移交给电力公司，每个业主都是电力公司的用户，那么这个小区就没有共有电力设备设施了。

燃气也一样，有的小区有自己的调压站。燃气集团的责任只负责到进入调压站的管线。从调压站（包括调压站本身）之后，都是全体业主共有……

最明显的就是电梯，那肯定是这个单元业主共有、共用的。

综上可知，共有设备设施是不能硬性划给某部分建筑物的业主的，否则会导致资源的垄断和"战争"。

7. 什么叫物业管理的酬金制？

根据中华人民共和国国家发展和改革委员会、中华人民共和国建设部①联合发文的《物业服务收费管理办法》中的定义，酬金制是指在预收的物业服务资金中按约定比例或者约定数额提取酬金支付给物业管理企业，其余全部用于物业服务合同约定的支出，结余或者不足均由业主享有或者承担的物业服务计费方式。

---

① 2008年3月15日改为中华人民共和国住房和城乡建设部。

8.物业管理公司提取酬金的方式

1.固定金额酬金；2.按预算物业管理费应收金额提取比例酬金；3.按实收物业管理费金额提取比例酬金；4.按预算支付发生金额提取比例酬金。多年来，由于物业服务企业的强势地位，几乎所有的酬金制物业管理酬金都是按照前两种提取的。也有些业主委员会实现了第3种酬金支付提取方式。

9. 为什么要用酬金制代替包干制?

一群人的共有财产的管理,与国家管理、项目管理从技术上看是一模一样的,其实就是一个预算的订定(制订、讨论、表决、决定)过程和执行、监督过程。资金是成员们归集的,资金的使用是按照成员们或成员组织认可的预算执行的。国家预算的执行人是政府,在小区就是物业公司或其他经理人,在公司就是总经理。而执行的结果在国家层面是全民承担,小区就是全体业主承担,公司就是全体股东承担。这种机制对中国业主们来说是全新的。

另外,由于物业管理的资金模式几十年来普遍采用"包干制",而且由政府定价,业主们在成立业主大会获得定价权利的时候就自然有两种选择:1.延续"包干制"的思路,但尽可能降低物业服务企业的利润,表现为物业管理费的费率下调,挤压物业公司的利润"水分";2.把资金的使用过程公开透明,给物业服务企业合理的酬金作为其利润。这就导致了不同的判断结果。

在一个足够公开的财政体制中,我们的假设是:业主们归集的物业管理费和小区公共收益总额,其预算资金足够用于支付包括管理人酬金在内的所有管理项目开支,但不应该有巨大的结余。这就自然无须业主们分摊那么大金额了。

这个假设，最终通过预算文本中的数字被确定下来，经业主大会会议表决，成为本小区的预算基础。而这种管理模式还要引用一个公理就是：鉴于物价指数的上涨，业主们分摊的费用如果不增加，理论上管理过程会越来越弱，各种流程的频度因资金短缺原因会越来越低，除非管理人有能力提高资金使用率。

如果认可上述逻辑，那么预算就是管理一个小区理应且起码应花费的资金总额。注意，是"理应"且"起码应"而不是可能有巨大盈余的总额。因此，在一个合理、起码应花费的预算案执行过程中，节约当然是必要的和应该鼓励的，但"完成预算"，即按照预算规定的不同科目把钱都花出去，恰恰是管理人的主要职责所在。比如，未足额花出去保安费，就说明保安一定有问题；未花出去绿化费，就说明绿化工作无人在做；未花出去电梯维修养护费，就说明电梯未进行例行保养……

当然，预算在执行过程中会调整、变化，这是市场变化带来的必然结果。所以每年都要重新制定下一年度的预算才是正常的。我们一般在合同条文的设计时，把不需要业主增加物业管理费情况下的预算科目之间金额的调整权力，赋予业主委员会或直接赋予物业服务企业，以提高管理效率。

节约当然是非常重要的，我们是如何鼓励在完成预算计划（即物业管理年度计划）工作情况下节约预算资金的呢？我们可以采用的办法是，当产生这种结余且把这种结余用现金形式返还业主的情况下，管理人的酬金比正常酬金略高。此外，还可以设计小区业主委员会持有对项目经理人的奖励基金等办法。

为什么只在现金返还业主的情况下，酬金才略高呢？因为，如果物业服务企业懈怠管理活动，那么预算完不成的情况下必然导致大量资金沉淀，账面上显示的是结余，这其实是假的"资金节约"，其实背后隐藏的可能是"计划内工作未完成"。因此，为了明年继续完成这些工作，即便本年度有结余也只能挪到明年花掉。

　　以北京××园为例，我们为××园草拟合同时，就确定了第4种酬金提取方式。这里面的差别是明显的：前两种其实都是固定金额酬金，而且无论物业服务企业是否收到钱或完成预算，酬金是一定要拿走的。第3种虽然只是物业管理费收上来了，但也与物业服务企业是否完成预算无关。而我们设计的"立场"是：物业管理工作没做，就别拿钱。这是对业主利益予以最大保护的条款。一般企业至今不能接受，但我们成功地在××园实施了很多年。物业服务企业也了解了其设计的公平本质。

　　至于酬金的比例，我见过最少的是4.8%，还是"四大行"中的企业，最多的有15%的。以××园为例，是通过招投标企业自报的酬金比例——6%。那么根据我初步了解的××园现在的预算大致情况是，每年物业管理费归集总额约700万，公共广告和停车占地费、管理费收益约300万。那么，物业服务企业每年所得酬金最多也只有60万元，前提是把940万元按照年初预算的项目都花掉才能拿到这笔酬金。如果换成"包干制"，那业主们就惨了：每年多少钱用于小区，多少钱被物业服务企业拿走，谁都无法知道。物业服务企业能不花钱就不花钱，拼设备、拼资源、拼资产寿命的管理模式是企业的自然选择。保守估计，每年"弄"几百万是有可能的。这就是为什么我们一直倡导要结束"包干制"的原因。

会有业主提出：我怎么知道预算是否合理？我怎么知道物业公司花钱时没有拿回扣？我怎么知道他们把钱花了活儿就一定干了？……我们说，家是您的，您不去监督，谁替您监督呢？《中华人民共和国信托法》已经规定任何受益人（业主）都可以"随时查阅、抄录、复制"与物业管理有关的一切信息，其中就包括财务账目、凭证；物业服务对外采购单据和合同签订过程记录；物业服务具体工作的完成情况记录……而且《中华人民共和国信托法》还规定，业主们对物业管理过程、结果提出异议时，要由物业服务企业来举证其完成了相关事项。它打破了"谁主张谁举证"的一般民事纠纷的举证原则，最大限度地为业主委员会甚至任何一个单独的业主提供了制约、监督物业服务企业工作的武器。但如果这样的制度设计他还不用，还只是在那里嚷嚷，谁还能帮得了他呢？

综上，预算合理、资金有限、钱花好才提取酬金，以及全过程透明公开接受监督，是保证物业服务企业有约定上限利润的、对业主财产管理的必需条件，也是中国物业管理必将走向的道路。

10. 物业管理权信托契约与物业服务委托合同中业主权利设置的实际区别

	物业管理权信托关系	委托合同关系
法律关系当事人	业主大会、业主委员会、全体业主、物业服务企业都是信托关系当事人,权责清楚,便于救济。	业主不是合同当事人,按照合同的相对性原则,业主不是救济主体,不能对物业公司提起诉讼。
物业管理权主体	业主通过业主大会和业主委员会行使物业管理权,物业公司按照信托契约的约定提供服务,行使管理权。	物业公司行使"物业管理权",业主委员会只有监督权,业主实际上没有权利。
物业管理费归属	物业费独立于物业公司资产而单独管理,由全体业主按照业主大会通过的预算归集,归全体业主所有。	物业费交纳后成为物业公司的业务收入,所有权归物业公司。
物业管理收费标准制定权	收费标准按照预算由业主大会决定,业主大会有权对预算进行调整。	收费标准由物业公司决定,费用审批权按照物业公司的财务制度执行。
财务监督权	业主有权查看财务报告;业主委员会有权审查物业公司收支。	业主委员会和业主很难得到财务报告,更不能监督收支情况。业主最多只有知情权。

	物业管理权信托关系	委托合同关系
保安权	业主委员会取得保安聘任权,有利于保障业主人身和财产利益。	保安的选任权归物业公司,在关系紧张时,不能保证业主利益。
共有物业收益权	共有物业收益归全体业主所有,物业公司取得约定酬金。	业主不清楚公共物业状况,无法享受共有物业带来的利益。
服务质量标准决定权	物业公司按照业主委员会批准的程序文件进行物业管理,记录全部管理过程。	物业公司按照自己的标准管理小区,业主委员会只有监督权,没有标准的决定权。业主实际上无权利。
服务质量监督权	业主委员会、业主有权查看服务记录和管理记录。	物业公司无须证明服务过程,业主也无权查看相关记录。
服务过程取得的财产利益	管理过程中取得的财产、文件、记录归全体业主。	管理过程中取得的财产、文件、记录归物业公司。
监督的广泛性和实效性	业主委员会、单个业主都可以监督物业公司,有权请求法院撤销物业公司的不当行为。	业主委员会通过业主大会授权可以起诉物业公司,单个业主不能起诉。
诉讼中的举证责任	在诉讼过程中,物业公司需要举证行为的正当性和履行了相应的义务。	业主举证物业公司服务不符合标准。
创新性	灵活多样,可以设置更多角色。	无法实现创新。
法律依据	物权法、信托法。	物权法、合同法。

11. 为什么不直接用法律和制度约束物业管理公司，而非要业主委员会来做这件事？

物业管理企业作为一个和商业机构一样的企业法人实体，其行为当然受到国家法律的约束（公司法、合同法等），也受到行政规章的约束（工商、税务、建设、环保等诸多部门的行政规章），但它在市场活动中和市场中另外一方（业主和业主大会）之间的关系，则是在民法的范畴内。出现纠纷时，具体依据《物业管理条例》等法律法规，由其中的一方向另外一方依法维护权利，而不是像计划经济时代那样，采取"老百姓向政府求助，政府出来给老百姓做主"的模式。简单来说，业主向对方提出权利主张和救济主张，与对方协商，协商不果，则向法院提出诉讼请求，最终由法院来判决结果。其中，政府的作用仅仅是对公共利益方面的监管，即对城市公共环境、公共安全、公共卫生等涉及公共预算方面的事情的监管。政府的职权范围不涉及业主私人利益、小团体利益的事情。小政府、大社会就是这个道理。业主、业主群体的利益，就是要靠社会自我调节的机制完成。但是，当业主、业主群体的利益（事件）涉及或涉嫌涉及公共利益，政府也不能不管。比如某小区的物业管理公司撤离，表面上纯粹是业主和物业管理企业的关系问题，但它影响了居民的生活，甚至可能进而影响城市的公共环境。因此，政府有限介入是必要的。

业主委员会、业主、业主大会不是约束物业管理企业的主体，相反，两方是平等的市场主体，其行为是依法互相约束的。也就是说，不是老爷给丫鬟定规则，而是老爷(姑且先这么叫着)根据法律规定，与丫鬟（姑且先这么叫着）签署劳动合同，丫鬟出卖劳动力，老爷依合同支付报酬。那种以一方给另外一方制定规矩的想法不是法治的概念，是落后的皇权概念。

如果业主和物业管理企业没有关系，则根本谈不上监督。如果有合同，则只能依法、依合同监督对方出卖劳动力的行为。当然，也必须履行支付相关成本和劳动保护的合同义务。

从法律上看，政府对业主是十分宽容的，现在基本上还找不到限制业主权利的法律。因此，政府的依法行政，就无法实现依法限制业主权利的目的。但事实上，似乎政府又在各地限制着业主权利的实现，这是由于我们国家有计划经济的传统、行政主导的体制，物业管理公司靠钱和有的政府公务员之间建立了紧密的联系，政府经常不受人民（通过人大、人大代表）的监督，从而导致现实和法律框架的脱节。再加上有些部门的人总是说法律不健全，就是给他们的不作为提供合法、合理的保护。我们不需要他们对我们发善心，而是需要自己站立起来，促使他们、监督他们依法行政，依法审理案件，依法判决案件。

业主维护权利的困难，是由我们自己的能力低下导致的。我们曾经是臣民，是没有权利、别人让我们干什么就干什么的群体。我们从来没有学习过怎么行使权利。最基本的选举权我们很多人都不知道怎么用。法治社会的到来，迫使我们必须抓紧时间学习法律、学习如何行使权利，利用法律专业人士替我们去跟侵害我们权利的行为抗争。否则，好日子不会自己掉到我们头上。

12. 业主大会是怎么设立的？

2003 年的《物业管理条例》在 2007 年修订时，有两处重要的、但是非常低调的"删除"。一个是将第十五条的"业主委员会是业主大会的执行机构"删除；另外将第十条第二款的"业主在首次业主大会会议上的投票权，根据业主拥有物业的建筑面积、住宅套数等因素确定。具体办法由省、自治区、直辖市制定"删除。

第一个删除，其实是源于《中华人民共和国物权法》（以下简称《物权法》）第七十八条"业主大会或者业主委员会的决定，对业主具有约束力"的法律规定。因为"执行机构"自身是不能作出决定的，更不要说作出对业主有约束力的决定。

第二个删除，其实是将"首次业主大会会议"这个名词从《物业管理条例》中取消了。因为，根据《物权法》，业主大会并不是通过"首次业主大会会议"的成功召开而设立的，而是通过一次成功的业主共同决定而设立的。而且，《物业管理条例》设计的"首次业主大会会议"在逻辑上也不通：没有业主大会这个组织形式，哪儿来的首次业主大会会议呢？顶多叫"业主大会成立会议"。因此它其实就是《物权法》第七十六条规定的一次"业主共同决定"。

那么，在为了成立（《物权法》用"设立"，见第七十五条）业主大会而组织的这次业主共同决定中，业主们都做了什么事情呢？

1.按照《物权法》第七十六条的规定，制定了业主大会议事规则；

2.按照《物权法》第七十六条的规定，制定了本小区建筑物及其附属设施的管理规约；

3.按照《物权法》第七十六条的规定，选举了业主委员会成员。

有上述三项成功决定，业主大会这个业主组织从形式上即设立完成。其章程（议事规则和管理规约）以及常设理事机构成员（业主委员会委员）均已经产生，可以开始工作并开始推进业主共同事务的决定和执行。稍后进行的备案工作，是政府行政管理规定而已，是业主大会设立成功之后的行为，而不是业主大会设立的先决条件。

上述三项共同决定，均是业主大会设立的必要条件。缺一项，都不能被视为业主大会设立。

管理规约、议事规则这两个文件有任何一个未通过，业主大会的章程便不完整，业主大会自然无法产生依照章程规定的决定和行动；业主委员会委员未成功选出（至少半数以上），业主大会的理事机构便不完整，没有机构组织今后的业主大会会议，也没有机构执行业主大会会议产生的决定。

我们再反观《物业管理条例》为什么要删除"业主在首次业

主大会会议上的投票权，根据业主拥有物业的建筑面积、住宅套数等因素确定。具体办法由省、自治区、直辖市制定"呢？道理很简单，这些都由《物权法》规定，任何其他层级的政府，都无权自己作出违反《物权法》（第七十六条）的规定。

综上，业主大会并不是通过"首次业主大会会议"设立的，而是依照《物权法》，通过一次成功的业主共同决定设立的。

13. 业主委员会的角色

谈到业主委员会的角色，我向大家郑重推荐金港国际业主委员会的一个小册子（以下简称工作手册），它让我们直观地了解到业主委员会是个什么样的机构和它要做什么。

社区居民委员会我们大都了解。它是由几个被选举的委员组成的一个组织。写在纸面上的宗旨是为居民服务，实际工作是在为政府做社区延伸服务。尽管这两者本质上没有冲突，但在具体事务上政府的利益取向与居民利益之间的冲突是非常正常且越来越复杂和多样的。因此，以"居民自治组织"为名的居民委员会，怎么看都不像"居民们的居民事务服务委员会"，反倒像政府的"居民管制委员会"。

根据《物权法》的规定，一个物业小区的业主的组织形式是业主大会而不是业主委员会，业主委员会只是业主大会的一个常设的理事（办事）机构而已。这有点儿像所有业主都是股东的股份制，而业主委员会仅仅是那个董事会而已。当然，《物权法》下的业主委员会比《公司法》下的董事会权力小得多。其实，业主大会的本质就是一个资产集合：物业费及公共区域收益等都是全体业主的现金资产，房屋、电梯等设备设施都是全体业主的不动产。这两部分均要由物业服务企业管理好，再由业主委员会监管好。

对比传统的居委会在社区中的"老大"地位、公司中董事会的"功臣"地位，业主大会中的业主委员会有着更多的公仆性。通过这个工作手册我们可以看到，金港国际业主委员会的工作非常准确地体现了《物权法》设计的业主委员会的法律地位和工作范围——既不越权做事，也不懈怠职责。并且，他们创立了一套适合自己小区的业主委员会工作模式和流程，即业主委员会依靠某个人、某些人的智慧和能力建立了合理的制度体系，然后在具体工作过程中依照这些程序而不再临时依靠某个人的智慧和能力。这种把人的智慧和能力融入制度建设而不是体现在随机的日常活动中的做法，是法治理念在基层财产管理中的实现，是人治和法治的根本区别。

这个工作手册既是金港国际小区业主委员会向全体业主展示和汇报的工作记录，也是其他小区业主推荐给自己所在小区业主委员会的一个最好的参考材料。特别是制度建设和合约签署中体现的智慧，能使我们了解到一个公仆型的业主委员会应有的工作模式和水平。

如果说有什么遗憾的话，就是从这个工作手册中记载的制度体系中，我们还没有看到如何能使这些"前人心血建立的制度体系"不被换届后的下一届业主委员会所抛弃的防范和救济制度的建设。因此，一个充分考虑决策效率与权力约束的良好制度体系怎样才能不因换届或换人而被抛弃，怎样才能被后来者很好地继承并不断完善，只能寄希望于广大业主积极参与监督以及后继者的公益素养、政治智慧和远见卓识。或许，这就是金港国际小区现任业主委员会将其工作手册汇编成册并印发金港全体业主的良苦用心所在。因为，通过与他们沟通发现，他们心中其实存有和我同样的疑虑。

实际上，如何防止"一朝天子一朝臣，一朝臣就一朝规矩"的人治现象，如何实现在保障现行制度体系完整运转的前提下靠每届委员的智慧不断完善制度体系最终惠及全体业主的制度设计，不仅是金港国际小区业主委员会遇到的难题，也是我们每个业主委员会委员或有志于研究业主组织运转、管理和可持续发展的人士的重要课题。

14. 大多数业主都不支持业主委员会，业主委员会该怎么办？

业主们一定是支持业主委员会的，因为业主委员会是业主们自己选的。退一步讲，业主委员会难做，这是肯定的，但和业主们支持不支持有什么关系吗？业主们选举了业主委员会，让业主委员会按照《物业管理条例》的规定做事，按业主大会决议做事，业主们剩下的事情就是监督业主委员会了，干活儿的事情都是业主委员会的"分内事"了。

如果觉得难，那一定是业主委员会的能力不够，至少对业主们交给业主委员会干的事情和《条例》中规定业主委员会该干的事情，业主委员会没有做到或者没有做好。

当然，光拿钱不干活儿容易，而业主委员会委员们可能是光干活儿不拿钱的，是自己要干的，如果觉得委屈，可以不干。干不干是自己选的，干得好不好是能力问题，业主们觉得业主委员会干得不好，可以罢免、改选，下次不选就是了。

成立业主委员会的种种限制，恰恰是为了让这个组织从诞生那天起就尽量维护全体业主的利益，而不仅仅是维护委员会几个委员的利益，或者维护委员会几个委员自己认为的"业主利益"。业主委员会是业主大会的执行机构，是业主大会的下属、给业主大会打工的一个公仆组织，当然要严格一些。如果您认为有什么制度上不妥的地方，可以讨论。

15. 没有合适的业主做业主委员会主任，是不是说明这个制度不合理？

所谓"没有合适的业主来做业主委员会主任"的担忧是没有必要的。我们凭什么觉得没有这样的人呢？业主大会选举出的业主委员会委员们，会选一个他们认为合适的人做业主委员会主任的。在选举的时候，每个当选候选人都被寄予了厚望，他们都可以在业主委员会的会议上竞选主任职位。业主委员会主任没有标准，业主们的选择就是标准。如果业主大会选举业主委员会的会议开不成，那就说明业主们发现没有符合他们标准的人士成为业主委员会委员，或者业主委员会干脆没有存在的必要。业主们通过业主大会会议的决议的选择，才是业主们的真正选择，其他人的好心都是那个好心人自己的感觉，并不是业主们真实的需要。无论什么情况下都不要为"民"做主。可以为民思考，但绝不能以为自己的思考就一定是绝对的公正，或者认为自己的思考就一定是他们的需要。

当然，大多数人不愿意做业主委员会委员。这种公权力的工作，特别是业主委员会委员这种几乎是义工的工作，肯定不会是大部分人想要做的。大部分人，当他们认为需要一个业主委员会的时候，仅仅是用投票这种方式表达他们的意愿就行了。他们投票一次，在没有特殊的情况下，那些"吃饱饭撑的""傻乎乎"的人，就干一届。包括我在内的这种人，实际上是想实现自己的社会价值，而不一定是现金形式的价值罢了。不会大部分人都来争着做，但一定有人喜欢做。这是自然的社会现象。

没有能力做、没有时间做，就千万别做。因为那不是在做自己的事情，而是做大家委托的事情。当然，还会有人觉得自己有能力，会往前冲，要做这个事情。既然要做，就得尽量做好，就得准备好因为做得不好而被业主们罢免。这样一定会留下一批"愿意付出、有能力又有时间"的业主精英为业主们工作。放心吧，这种制度必然导致这个良性循环的结果。

当然制度有可能不合理，但必须说出来哪儿不合理。否则，制定制度的人将没有办法按照咱们的意见去修改。光说"你不对"多容易啊。但如果人家问咱们"我哪儿不对了"，咱们就得拿出个一二三来。拿不出来，人家就不理咱们。大多数社区成立不起来业主委员会，就说明制度不合理？那我问您，如果是人家社区中的人们自己不想成立业主委员会呢？当然，可能有部分人想成立，但既然是大多数业主说了算，那还是大多数人不想啊。

所以，谈论一个制度（法律、法规、规定、业主公约……）是否合理，应该仔细地考虑各种因素；谈论一个社会现象（所有的社区都有居委会，但绝大多数物业管理区域没有业主委员会），也应该从具体的情况来考虑，不可一概而论。

16. 如何成立业主委员会筹备组？

如果您在北京，那您就幸运了，一切都按照政府的既定制度办理。

《北京市住宅区业主大会和业主委员会指导规则》网页链接：http://www.bjjs.gov.cn/publish/portal0/tab60/info61358.htm

建议您认真阅读，其中包括业主大会的设立和运转以及与业主们的物业管理相关的各种问题的指导意见。

现在，仅就这个问题，摘抄上述文件的部分内容：

第十条 物业管理区域内，已交付业主的专有部分面积达到建筑物总面积50%以上的，建设单位应当向物业所在地的街道办事处、乡镇人民政府报送筹备首次业主大会会议所需的业主名册、业主专有部分面积、建筑物总面积等资料，并同时推荐业主代表作为临时召集人，召集占总人数5%以上或者专有部分面积占建筑物总面积5%以上的业主，向物业所在地的街道办事处、乡镇人民政府书面申请成立业主大会。

占总人数5%以上或者专有部分面积占建筑物总面积

5%以上的业主也可以自行向物业所在地街道办事处、乡镇人民政府提出成立业主大会的书面申请。

第十一条 街道办事处、乡镇人民政府应当自接到成立业主大会申请之日起60日内，指定首次业主大会会议筹备组组长，组织建设单位、业主代表成立首次业主大会会议筹备组。

筹备组组长在筹备组中没有表决权。街道办事处、乡镇人民政府指定业主担任筹备组组长的，该业主不得参选业主委员会委员。

本市鼓励和支持公益律师为业主大会的成立和活动提供法律服务。提倡街道办事处、乡镇人民政府指定具有专业知识和服务能力的律师或者其他人员担任筹备组组长。

从上述制度文本看，此事与居民委员会无关。

业主们由于来自五湖四海，互相之间信任度比较差，又是第一次搞组织，会遇到很多的问题。因此，最要注意的就是要懂得互相协商、妥协。今天听您的、明天听他的……其实是听大家的，听组织中的多数人的。只有这样，组织才能建立起来，才有凝聚力，才能可持续发展。

17. 筹备组成立了，已经公示，
下一步应该做些什么？

这个问题，《北京市住宅区业主大会和业主委员会指导规则》都说明白了：

第十二条 筹备组组长应当履行以下职责：

（一）召集和主持筹备组会议；

（二）对筹备组会议的会议记录予以签字确认；

（三）签发筹备组公告；

（四）在筹备组出具的业主大会成立和业主委员会选举情况的报告上签字；

（五）筹备组自动解散的，由筹备组组长将建设单位提供的相关资料退回建设单位或者移交给街道办事处、乡镇人民政府临时保管；

（六）筹备组赋予筹备组组长的其他职责。

筹备组组长不履行或者不适当履行前款规定职责的，经筹备组中具有表决权的三分之二以上成员签字确认，可以向街道办事处、乡镇人民政府书面申请另行指定组长，街道办事处、乡镇人民政府应当及时指定。

第十三条　筹备组中的业主代表，可以由业主自荐或者联名推荐产生。业主自荐或者联名推荐人数不足的，由街道办事处、乡镇人民政府组织业主推荐。业主自荐或者被推荐人数较多的，由街道办事处、乡镇人民政府组织自荐或者被推荐的业主互相推荐产生，业主代表最终名单按照推荐票数顺序确定。

业主代表应当具有业主身份，具有完全民事行为能力，责任心强，具备必要的工作时间。筹备组中有表决权的成员人数应为单数，每人享有一票表决权，其中非建设单位的业主代表人数不得低于筹备组中具有表决权成员人数的三分之二。

第十四条　街道办事处、乡镇人民政府应当将最终确定的筹备组成员名单、分工、联系方式等在物业管理区域内显著位置公告，筹备组自公告之日起成立。

第十五条　建设单位在筹备活动中应当履行以下义务：

（一）自筹备组成立之日起7日内向筹备组提供业主名册、业主专有部分面积、建筑物总面积等资料，资料的相关数据信息应更新至筹备组成立之日。筹备组应当对业主资料保密，不得将本项相关资料用于与筹备无关的活动；

（二）根据本市有关规定已将相关信息录入公共决策平台；

（三）承担筹备及召开首次业主大会会议所需费用。

建设单位拒不履行承担筹备及召开首次业主大会会议所需费用义务的，筹备组可向街道办事处、乡镇人民政府说明情况，不影响筹备及召开首次业主大会会议的活动。相关费用可先由业主垫付。

第十六条 筹备组负责首次业主大会会议筹备工作，并在成立之日起 60 日内，完成下列事项并以书面形式在物业管理区域内显著位置公示：

（一）制订首次业主大会会议召开方案，确定首次业主大会会议召开及表决方式、召开时间、召开地点、决议事项、表决规则、业主委员会委员候选人产生办法、业主委员会委员及候补委员产生办法、筹备及召开首次业主大会会议费用预算明细及费用结算方案和筹备组的解散等；

（二）拟订管理规约草案、业主大会议事规则草案；

（三）确认业主身份，确定业主在首次业主大会会议上的表决权数；

（四）首次业主大会会议的其他筹备工作。

上述事项公示时间为 7 日，在公示期间，业主可以对以上事项向筹备组提出建议和意见，筹备组应当予以记录。

公示期满后 7 日内，筹备组应当参考业主的建议和意见对各事项进行修改，确定拟提交表决的内容。

首次业主大会会议召开前，筹备组应当将首次业主大会会议议题和需要业主表决的内容以书面形式在物业管理区域内显著位置公告并告知相关的社区居民委员会，公告期不少于 15 日。

第十七条 首次业主大会会议应当对以下事项进行表决，并应当全部经专有部分面积占建筑物总面积过半数的业主且占总人数过半数的业主同意：

（一）管理规约（草案）；

（二）业主大会议事规则（草案）；

（三）选举业主委员会委员。

《北京市物业管理办法》实施后申请办理商品房预售许可或者现房销售的住宅物业项目，首次业主大会会议除完成前款事项表决外，还应当就解除前期物业服务合同并确定物业管理方式进行表决。但是未表决该事项的，不影响业主大会的成立和备案。

第十八条 管理规约应当对下列主要事项依法作出约定：

（一）物业的基本情况；

（二）物业管理方式；

（三）业主共同管理的权利和责任；

（四）物业共用部分的经营和收益分配；

（五）物业的使用、维护和管理；

（六）物业管理区域内的应急预案；

（七）违约责任；

（八）争议解决方式；

（九）其他应当依法约定的事项。

管理规约应当尊重社会公德，不得违反法律、法规、规章或者损害社会公共利益。

管理规约对业主及物业使用人具有约束力。业主或者物业使用人违反管理规约，损害其他业主和物业使用人合法权益的，受损害人可以提起诉讼。

第十九条 业主大会议事规则应当规定以下事项：

（一）业主大会会议种类；

（二）业主大会会议召开的形式、程序；

（三）业主大会议事和表决方式；

（四）关于业主小组、业主代表、业主的代理及业主大会解散的规定；

（五）业主委员会委员资格、人数、任期、更换、候补及补充办法；

（六）业主委员会议事规则；

（七）业主大会和业主委员会等执行机构经费的筹集以及使用和管理制度；

（八）业主大会、业主委员会设置的财务、秘书等专职人员的聘任程序以及职责；

（九）业主大会、业主委员会印章、档案等管理制度等。

第二十条 业主有损害业主共同权益行为的，包括不交存专项维修资金、拒付或者不按时缴纳物业服务费用和其他应当分摊的费用等，业主大会可以在管理规约和业主大会议事规则中对其被选举权、表决权的行使予以限制，限制时限由业主大会在管理规约和业主大会议事规则中约定，业主大会备案或者变更备案事项时应当向街道办事处、乡镇人民政府予以说明。

管理规约和业主大会议事规则对业主权利的限制不免除其应承担的义务。

第二十一条 业主的表决权按照面积和人数计算。

业主的面积表决权数按照下列方法认定：

（一）专有部分面积，按照不动产登记簿记载的面积计算；尚未进行不动产登记的，暂按测绘机构的实测面积计算；尚未进行实测的，暂按房屋买卖合同记载的面积计算；

（二）建筑物总面积，按照前项的统计总和计算。

业主的人数表决权数按照下列方法认定：

（一）业主人数，按照专有部分的数量计算，一个专有部分按一人计算。但建设单位尚未出售和虽已出售但尚未交付的部分，以及同一买受人拥有一个以上专有部分的，按一人计算；

（二）总人数，按照前项的统计总和计算。

按照规划建设的已经办理了不动产登记的车库、车位，按照不动产登记簿记载的面积计算；尚未进行不动产登记但是具有销售（预售）许可证的车库、车位，按测绘机构的实测面积计算；尚未进行实测的，暂按买卖合同记载的面积计算。按照规划建设的人防工程面积不计算投票权。

第二十二条 筹备组应当遵守以下工作原则：

（一）筹备组组长召集和主持筹备组会议；

（二）筹备组作出决定应当经筹备组中具有表决权的过半数成员同意；成员进行表决时应当在决议上签字，注明同意、反对或者弃权。持保留意见的成员不签字的，不影响决议的效力。

（三）筹备组应当对会议进行书面记录，筹备组组长应当对会议记录签字确认；

（四）筹备组成员不能委托代理人参加会议，但成员是法人或其他组织的除外；

（五）筹备组应当自成立之日起3个月内完成筹备工作，组织召开首次业主大会会议；

（六）业主大会成立后，筹备组应当将相关资料移交给业主委员会。

因筹备组成员辞职或者因其他原因造成筹备组不能履行职责的或者逾期未完成筹备工作的，筹备组应当在物业管理区域内显著位置公告并说明理由，筹备组自公告之日起自动解散，符合第十条规定的，业主可以重新申请成立业主大会。

第二十三条 筹备组应当自首次业主大会会议作出决定之日起3日内，将表决结果在物业管理区域内显著位置公告，公告时间不少于7日。

第二十四条　管理规约、业主大会议事规则和业主委员会委员选举事项全部通过的，业主委员会自首次业主大会决议作出之日起30日内，持以下材料向物业所在地街道办事处、乡镇人民政府备案：

（一）筹备组出具的由组长签字的业主大会成立和业主委员会选举情况的报告；

（二）业主大会决议；

（三）管理规约、业主大会议事规则；

（四）业主委员会委员名单。

材料齐全的，街道办事处、乡镇人民政府应当当场予以备案，出具书面备案证明，并在备案后7日内将备案材料抄送区县房屋行政主管部门，将有关情况书面通报物业所在地公安派出所、社区居民委员会。

第二十五条　业主委员会凭街道办事处、乡镇人民政府出具的备案证明，向区、县公安分局申请刻制业主委员会印章。

18. 如何撤销或解散业主委员会筹备组？

一个组织一定有其成立的程序，那么，依照相同的程序，组织自己可以决定解散。

如果是几个人合伙共同决定产生的组织，那么用产生时的相同程序，可以决定解散和组织遗留问题（债权、债务等）的清算。如果是一个领袖招募、率领一群人搞的组织，那么这个领袖自己就可以宣布解散该组织，他自己有责任承担该组织解散后的一切后果。

这是从组织自我形成和自我解散的角度分析的结果。但，还有一些组织，公权力（政府）是有权注销、解散的。例如各种有限责任公司和一些经过法院判定的违法组织等。

业主大会筹备组是个什么性质的组织呢？

1.合法性（不违法性）。根据《物权法》及各地的相关法律、法规，要设立（成立）业主大会，自然需要有一个筹备机构；

2.各地一般采用领袖发起的模式。由（政府指定的）筹备组组长，招募与他共同工作的成员——筹备组组员，共同完成成立业主大会和选举业主委员会的工作；

3.与政府无（直接行政管辖）关系。该机构除非被人民法院判决撤销，否则没有任何一部行政法规授权政府撤销该机构。所以，政府行政机构（办事处等）是无权撤销筹备组的。但如果筹备组组长是政府委托任命，政府实际上就把握了这个筹备组的生死大权。筹备组组长既可以宣布筹备组产生，也可以宣布筹备组解散。至于解散的理由，由筹备组组长自己找。到期、舞弊、身体不适……都可以是合理的理由。就要一个结果——解散。

当然，业主们还有权继续，再重新来过。

我建议业主们还是指向筹备组组长这个人，以及委托、任命他的机构。对组长问责，比对筹备组下手要简单得多。如果要求法院支持判决政府撤销筹备组，也于法无据，不可能得到法院的支持。

讨论问题，对事不对人；但做事情就必须对人——对自然人、对法人。

19. 筹备组人员过多且竞争激烈，如何选出让人心服口服的筹备组成员？

第十三条 筹备组中的业主代表，可以由业主自荐或者联名推荐产生。业主自荐或者联名推荐人数不足的，由街道办事处、乡镇人民政府组织业主推荐。业主自荐或者被推荐人数较多的，由街道办事处、乡镇人民政府组织自荐或者被推荐的业主互相推荐产生，业主代表最终名单按照推荐票数顺序确定。

摘抄自《北京市住宅区业主大会和业主委员会指导规则》京建发〔2010〕739号。

20. 业主委员会候选人都没选上或者人数不够怎么办?

任何一个群体活动,都应该在活动前先确立活动的规则。在业主大会筹备的过程中,筹备组制定的"业主大会成立工作方案和业主委员会选举办法"就是规则。每个筹备组可以制定不违法的随便什么样的规则。可以去看看您所在小区筹备组的相关规则是怎么制定的,只要不违法,照那个规则进行下去就行了。如果规则制定者们没有预见到如此的情况,即没有在规则中事先说明现状该怎么处理,那么,筹备组是无权临时修改规则的,而只能照这个规则继续做下去。还差几名业主委员会委员就重新启动程序补选几名。如果连《管理规约》和《业主大会议事规则》都没有,那我看就拉倒,宣布此次业主大会会议"流产"、业主大会成立工作失败。然后重新来过。相反,如果上述两个文件通过了,那就是再对业主委员会补选几个委员,事情相对简单一些。

辛苦点儿,程序正义比结果正义更重要,再努力一下吧。

21. 业主委员会一定要政府备案才算合法吗？

没有所谓"业主委员会是否有效"的命题，而只有业主委员会的决定是否有效的命题。任何组织的决定，都有有效和无效的可能。业主委员会对业主内部事项的决定是否有效，可以由业主大会（会议）来裁定，也可以请求人民法院裁定。在业主委员会决定违法的情况下，《条例》也赋予基层政府裁定撤销的权力。

第十九条 业主大会、业主委员会应当依法履行职责，不得作出与物业管理无关的决定，不得从事与物业管理无关的活动。

业主大会、业主委员会作出的决定违反法律、法规的，物业所在地的区、县人民政府房地产行政主管部门或者街道办事处、乡镇人民政府，应当责令限期改正或者撤销其决定，并通告全体业主。

但业主委员会与其他民事主体之间的决定是否有效，则取决于决定的程序、内容等条件，很难一概而论。

22. 首届业主委员会委员要得到多少张选票才能当选?

　　无论是不是首届，根据《物权法》第七十六条的规定，选举业主委员会都必须是得到小区总业主数和面积数一半以上的选票才算有效。

　　假设小区有1000户，面积是10万平方米，已投票业主户数是700户，面积是7万平方米，那么委员候选人要得到500户和5万平方米以上的选票，才能当选。由于面积对应建筑物的结构部分，所以，上述表决的通过模式被戏称为"人头、砖头双过半"。

23.临时业主委员会具备业主委员会的资质吗？

　　任何一个机构的职权、职能（authority）的边界、大小，取决于该机构初始产生人的权力（power）的让渡和授权。比如，正式的业主委员会在法律上是全体业主通过一次共同决定，用《管理规约》和《议事规则》这个法律文书的授权形式，赋予业主委员会这个机构相关的职权。业主委员会只能在不超过上述两个文件的范围内做事。那么，临时业主委员会职权的边界到底在哪儿，则要看这个机构是怎么产生的，谁"委"的，委（托）的那些人给了这个机构什么权力，书面上是怎么写的。

24. 街道办不配合业主成立业主委员会怎么办？

在业主组织的建设过程中，《物权法》要求政府协助、指导；《物业管理条例》要求政府指导和监督。产生上述问题可能是因为对政府监督的活动有一些不满。而其实只要把握以下几点就可以：

1. 监督并不是裁判，只是知情。政府、业主都有监督的权利，都可以对业主组织活动中的任何事情知情。只要不进行裁判，就没有任何问题。

2. 监督活动是否影响了业主组织活动的进程。按道理说不会发生影响的情况，因为业主大会筹备组是独立工作和承担民事责任的。政府并不参与这个工作，以北京的机制为例，政府只是派一个没有投票权的筹备组组长而已。筹备组的工作进程，应该是由筹备组这个机构自己控制的。至于被外力控制了，那就要看筹备组的成员们是否愿意。由于文化、习惯等多种原因，人们可能会特别想要获得完全的支持，反而被自己画的圈束缚住了。

3. 如果政府胆敢对其监督的结果作出行政裁判，那至少说明政府愿意承担其行政裁判可能要承担的后果。如果筹备组觉得政府裁判是错误的，那么可以通过行政诉讼来让人民法院撤销。当然，如果我们不起诉政府涉嫌滥权的行政行为，那就是认了。同样，如果我们真的有过失，那么我们也要承担后果。

25. 在开发商作为小区事实最大业主没接到小区的业主大会选举通知的情况下选举出来的业主委员会是否合法有效？

业主委员会委员选举产生的条件，是占人数、面积"双过半"的业主的同意。这就意味着，另外不到一半的业主可能没有收到任何信息，而业主委员会委员选举也有效。某业主(例如开发商)有很多房屋，持有很多面积，但在计算业主人数时，只计为1个人。最极端的情况下，假如开发商持有全部小区49%的面积未售出，其他全体业主选举业主委员会委员而唯独不通知开发商，也是可以的。

26.物业以各种理由不交业主清册，并阻挠业主大会召开，怎么办？

以下是北京市人民政府办公厅转发市建委等部门关于《北京市住宅区业主大会和业主委员会指导规则（试行）》的通知。

各区、县人民政府，市政府各委、办、局，各市属机构：

市建委、市社会办、市民政局、市规划委等部门制订的《北京市住宅区业主大会和业主委员会指导规则（试行）》已经市政府同意，现转发给你们，请结合实际认真贯彻执行。

二〇〇八年十二月十二日

北京市住宅区业主大会和业主委员会指导规则（试行）

（市建委 市社会办 市民政局 市规划委

二〇〇八年十一月二十四日）

……

第十一条 开发建设单位应当自物业区域内物业交付首户业主之日起 30 日内向物业所在地的街道办事处、乡镇政府报送房屋分户及建筑面积清册，以及筹备首次业主大会会议所需的其他材料。

......

27. 首届业主委员会成立后，是否要重新招标选聘物业服务企业？

如果问业主们的最大利益是什么，他们一定会说安居，即小区生活的稳定。个别人以各种理由认为应该更换物业服务企业，可以理解。但应该考虑这是不是广大业主的诉求，如果是，业主委员会应该设法让广大业主们的诉求得到表达——通过业主大会会议表决来最终决定。因此，住宅小区业主委员会的主要任务，不是做自己想做的，而是维护小区居民的生活稳定，其中自然包括物业管理活动的稳定即物业服务企业服务水平的稳定和存在的稳定。

法律从来没有过任何条文明示或从含义上要求业主建立业主组织后应（必须）更换、选聘新的物业服务企业，而只是告诉业主们他们有权做这个事情。但法律上的一切权利，可以行使，可以放弃，行使或放弃都要承担后果而已。义务则不能放弃。

如果业主委员会了解到业主们普遍有更换物业服务企业或改善物业管理模式（即制度改变）的愿望，或物业服务企业主动提出要求进行合同条款的改变（一般都是提高物业管理费费率），业主委员会才有必要组织一次选聘物业服务企业的活动。但这种活动没有任何法律规定应(必须）采用招投标的方式进行。因为，物业管理这种活动与一般工程采购完全不同，它的规格无法完全描述清楚，故不能采用凭价格高低来判断投标企业优劣的简单办法。（相同的物业费，不同的企业所做的《年度物业管理工作方案》及对应的《年度物业管理资金预算方案》均不同，孰好孰坏，几乎无法确定。）

因此，现在的方案就是最佳方案，即业主委员会（或通过购买外部物业管理专家、顾问的意见）与对方就新合同（物业管理模式、奖惩条款、服务内容条款、金额条款、合同期限条款等）文本进行认真协商形成"草签"合同状态，然后双方各自提交自己的董事会或业主大会表决。物业服务企业的董事会批准且业主大会会议投票批准（"双过半"业主同意）则合同生效。这是我认为最合理的处理办法。

当然如果双方就新合同文本最终实在无法达成一致意见，那么这个时候业主委员会就要面对如何选聘一个新物业管理人（企业）的问题了。所以，业主委员会在谈判中不要过于逼迫对方签署对其不平等的条款，这样容易令谈判陷入僵局。

多年来，我一直不主张轻率地解聘、更换物业服务企业。几百甚至几千人的家，一下子换上百个工作人员团队，并不简单，很容易造成住宅小区居民生活的混乱，尽管是阶段性的。所以，如果不必要，实在不要经历这个阵痛比较好。而如果物业服务企业实在太差，我们就只能面对困难了。但业主委员会的精英们要思考：如何防止今天这样的困境不在若干年后再发生一次？其实是有办法的。

28. 民政部门未登记法人的业主委员会，以法人身份订立合同，是否可以认定是无效的？

中国的合同法并未规定合同当事人一定是法人，自然人和其他组织也可以。但业主委员会作为一个特殊的、没有偿债能力的组织，其他组织与其签署商业合同时，就该想到与这种组织签署商业合同的风险。自己硬要去签署，如果业主委员会不付款，就很难追讨，因为业主委员会没有独立的资金。有一些非（重大）经济关系的合同或合作协议，还是可以与业主委员会签署的，但如果是涉及巨大资金的合同，还是不要与业主委员会签署为好。

业主组织的法人地位问题，已经越来越受到社会各方的关注，越来越成为业主组织活动的制约因素。因此，很多地方都在尝试给业主组织一定的民事主体地位。但截至目前（2014 年 7 月），还没有一个成功的制度出现。

29.业主自建论坛进行投票合法吗？

　　业主共同决定采用何种法律不禁止的方式都可以，但一定要业主共同决定，而不是业主委员会或筹备组自己决定。

30.5%业主自发申请成立业主大会，这一过程中发生的费用应由谁承担？

在没有法律规定、没有事先约定的情况下，谁想做事谁出钱。我认为该是这个道理。但是，如果业主组织建立之后，组织决定追认前期的费用并给予报销，那当然好。不过，这不是做事的前提条件。

虽然北京市有"建设单位在筹备活动中应当……承担筹备及召开首次业主大会会议所需费用"①的规定，但这些费用是从筹备组建立时计算比较合理。

尽管如此，开发商很少有自愿支付这些费用的情形，那就要先自筹资金把业主组织建立起来，然后再追讨。否则，因为没钱就不做事，可能影响组织建立的公益理念。

---

① 《北京市住宅区业主大会和业主委员会指导规则》(2010 年 12 月 30 日印发)第十五条。

31. 业主委员会候选人可否给业主打电话要授权？

候选人原则上不接触选举过程为好，更不要做"受托人"。如果业主们希望委托投票，业主委员会给他们安排与候选人无关的人士。或者，他们可直接授权业主委员会这个机构。

32.候选人是否可以被授权代理投票？

在业主委员会的选举中，尽管法律没有这样的禁止性规定，但以社会公认的公平、正义观来看，这是涉嫌"操纵选举投票"的行为，这样产生的业主委员会，正义性差！

33. 候选人不能代投票的话，代理人是否能代投票？

代理人谁都可以做，具有完全民事行为能力的人就行。18岁以上的、无精神病的就行。至于数量，取决于小区的《业主大会议事规则》。如果没有这样的规定，建议不宜太多，比如，两三个还说得过去，太多了，会使得选举结果缺少公信力和正义性。

34. 代投票的人在选票上填上自己的名字，还是直接填上业主的名字？

代投票的人怎么写选票，取决于《业主大会议事规则》中的规定。也许你们规定的是可以"代理投票"——受托人凭委托人的书面委托书，以受托人自己的名义代表委托人投票；或者是"代为投票"——受托人只是个"送票人"，将委托人已经填写好的选票，送到业主委员会来。

35. 请问业主大会的《业主签到册》有必要让业主填身份证号码吗？

没有必要弄个业主大会的《业主签到册》。因为，业主投票本身就是参加会议的"签到"了，再说《物权法》只统计"赞成"票，不统计"反对"票、"弃权"票（在公告通知召开业主大会会议的前提下，包括不投票、不参会本身都属于明示的弃权行为），因此，无须专门搞任何《业主签到册》。

我估计设计《业主签到册》的人士以前可能对匿名投票选举（如人大代表选举、居委会委员选举）有经验，业主大会会议的表决尽管形式上是"投票"，但这个活动本质上是表决，而且是实名的。

由于是以实名、实际房号投票，且最终是实名、实际房号统计投票（表决）结果，所以，一旦发生同一房间、同一姓名的业主投票数超过1张的，那就一定是有重复投票情况发生。筹备组可以确定该户投票无效，也可以按照时间以最后一张投票作为统计依据，也可以把该业主请到筹备组让其最后作出决定。总之，《业主签到册》既无必要，又会给筹备组带来非常大的工作量。

至于如何确定投票的真实性的问题，这不难：

1. 从本质上说，"谁主张谁举证"，筹备组裁判，对筹备组裁判不服，可以请求政府、人民法院裁判。包括政府在内，谁说某张表决票是假的，谁就要提供证据，如果只是怀疑，筹备组可以决定受理或不受理；

2. 在实际操作中，将包括房号、选择的内容等信息全部公开在每个楼道内，而不是仅仅公示投票统计结果，最大限度地公开投票统计信息，公示期内接受业主对投票统计结果的质疑。这样，其他人靠简单的怀疑来质疑统计结果就不正义和合理了。

36. 业主大会投票的票有没有固定格式？怎么确认业主身份?

筹备组的职责是确认业主身份，要求就是诚信。如果有人认为筹备组确认的业主身份有错误或有假，那是需要举报方举证的。所以，筹备组的人凭良心勤勉地工作就行了，不要对自己要求过高，更不要太纠结。

业主大会的表决票没有一定的格式，但内容至少应该有对业主大会两个文件的表决项和业主委员会委员的选择项，以及业主签名和业主房屋面积资料等用于统计的内容。

如果选择政府的决策平台，这个问题就简单多了，不用做表决票，由业主们通过电话、网络等方式投票就行了。如果是纸质表决票，我认为筹备组无须要求业主们附带身份证、房产证，否则是给自己添麻烦。反正，谁说有假，谁举证就是了。

37. 业主委员会委员如何辞职?

业主委员会是业主大会会议选举产生的,那么其罢免和因故离开的申请应该由业主大会作出决定。但是,对辞职这种事情,专门召开一次业主大会讨论、表决显然是不合理的,更不要说如果表决结果是"不允许"在实际中更是荒唐的。因此,如何设计业主委员会委员离任,是一个非常重要的问题。

《北京市物业管理办法》从制度设计角度是非常符合中国业主低组织能力的现状的,它规定:

第十八条 业主委员会委员实行任期制,有关任期、候补、空缺、资格终止等事项由业主大会议事规则规定。有下列情形之一的,委员资格自动终止:

(一)任职期限届满的;

(二)不再具备业主身份的;

(三)限制民事行为能力或者无民事行为能力的;

(四)被依法追究刑事责任,无法履行委员职责的;

(五)以书面形式向业主大会或者业主委员会提出辞职的;

(六)业主大会议事规则规定的其他情形。

业主委员会委员资格终止的，应当自终止之日起 3 日内将所保管的档案资料、印章及其他应当移交的财物，移交给业主委员会；拒不移交印章、相关财物和档案资料的，街道办事处、乡镇人民政府应当责令移交，物业所在地公安机关应当予以协助。

这样，在北京的业主大会就有权威的文本作为处理该类事务的依据。当然，口头辞职还是不算。如果您是其他地方的业主，把上述条款写进本小区《业主大会议事规则》中，也就一样是有依据了。这就是自己的制度设计。

所以，回答上面的问题如下：

如果您是北京业主，贵小区业主委员会委员书面辞职有效，口头辞职应该不算；如果您是外地业主，那要看当地的法规或贵小区的《业主大会议事规则》中的具体规定。

辞职生效，即为业主。如果还想成为业主委员会委员，就要与其他业主一样，通过自荐、竞选过程，由业主大会会议表决且符合法定条件后才能成为业主委员会委员。作为一个业主委员会委员，是受广大业主信任和投票选举的，随意辞职已经是涉嫌玩忽职守了。想回来就回来？自己也不想想哪个业主还要您这样的人为大家服务呢？没有人肯再相信这样的人了。

最后，来探讨"辞职"这个词。"职"为职务，为以薪酬为条件的工作。而业主委员会显然不是"职务"，而是一种公益工作。因此，我认为应该用"辞任"比较好。当然，这只是我和一些朋友们的看法，仅供参考。

38. 业主委员会和居民委员会以及村民委员会有什么本质区别?

业主委员会和村民委员会都是一种组织的常设机构,还有类似的组织如居委会、理事会、董事会等。

- 业主委员会,是业主大会的常设机构;
- 村民委员会,是村民会议的常设机构;
- 居民委员会,是居民会议的常设机构;
- 理事会,是非商业企业类社团组织的常设机构;
- 董事会,是商业企业类法人组织的常设机构。

这些常设机构的权利都不尽相同,它们各自根据相关的法律运行,权利部分法定,部分被其组织通过法定程序授权。业主委员会、业主大会组织所依据的法律有《物权法》和《物业管理条例》等;村委会、村民会议组织所依据的法律有《村民委员会组织法》等;上述其他组织所依据的法律分别有《居民委员会组织法》《公司法》《社团管理条例》等法律法规。

业主大会和业主委员会建立的基础是业主们的财产,即被俗称为物业的大厦、土地使用权、道路、绿化等。纯粹财产的基础,是这个组织的特点。而村民会议和村委会(居委会)则完全不同,既有包括村民集体所有土地所有权(业主大会只是有限年度的使用权），还有土地上的非国有（国道、国有通信基站等属国有）、非村民私有的一切附着物。除了这些重要的财产外，还有每个成年和非成年村民的人格权利，也称政治权利。这一点，业主大会是完全没有的。这是两者之间最大的区别。还有其他的区别就是业主大会没有党的领导，而村民组织中法律是有规定的。但党在村民自治中并不起决定作用，决定的主体仍然是"年满 18 岁以上的村民"。

但这些组织的（选举）产生方式和运转方式都类似，它解决问题的方式也都类似，完全可以互相借鉴。

39. 业主委员会的任期有规定吗？第一届业主委员会备案后一年是否要重新选举？第一届的任期有什么说法吗？

业主委员会没有任期的问题，但业主委员会的委员有任期的问题。关于任期，法律并没有规定。因此，可以根据各自的情况来确定委员的任期长短以及能否连选连任以及最多的连任届数等。任期太短（如一年），不利于业主委员会工作的延续性；任期太长（比如5年，或者不设定任期），不利于对业主委员会的监督，容易导致业主委员会的腐败，并可能造成业主因罢免业主委员会而产生混乱等不和谐事件。

其实，每次换届选举，是业主们对业主委员会工作的一次大检查，是一个社区纠纷的"撒气阀"。靠民主让少数对业主委员会不满的业主，无奈地接受多数人对业主委员会工作的态度，通过选举，能够发现上届业主委员会工作的瑕疵并进行改善。

关于连任的设计，如果设计固定的可连任届数，则在现实中业主参与水平极其低下的情况下，可能会没有候选人参与竞选业主委员会委员。因此，建议设计"可连选连任"，且不设连任次数。但必须进行换届选举，让现任委员发表工作总结和新的执政方针，和其他人士一起参与竞选。

40. 业主委员会要不要开立银行账户？

业主组织的银行账户该以什么名义开？

一个能独立自我管理的组织，其重要标志就是有组织自己的银行账户。否则，这个组织用于自我管理的资金都不能自我管理，还谈何自我管理呢?! 钱由谁控制着，谁就是（背后真正的）管理者！

业主组织的建设者们也不例外，一直希望能在组织起来之后，尽快开立属于自己的账户而存放资金用于组织的运行、管理和建设。但是在现实中，出现了两种分别以"某某小区业主委员会"和"某某小区业主大会"为户名的银行账户（见下图一、二）。

从这两种名称的使用，就可以看出银行、政府乃至社会对到底什么是业主组织的认识有严重的分歧。有人认为业主委员会是业主组织；而有人认为业主大会是业主组织。换个视角问："公司是股东们的商业组织"还是"董事会是股东们的商业组织"？所有的人都会认为公司才是组织，银行账户也应该开公司的，而不是董事会的。

给委员会开账户，其实来自政府行政主导下的各种委员会，也包括居民委员会。

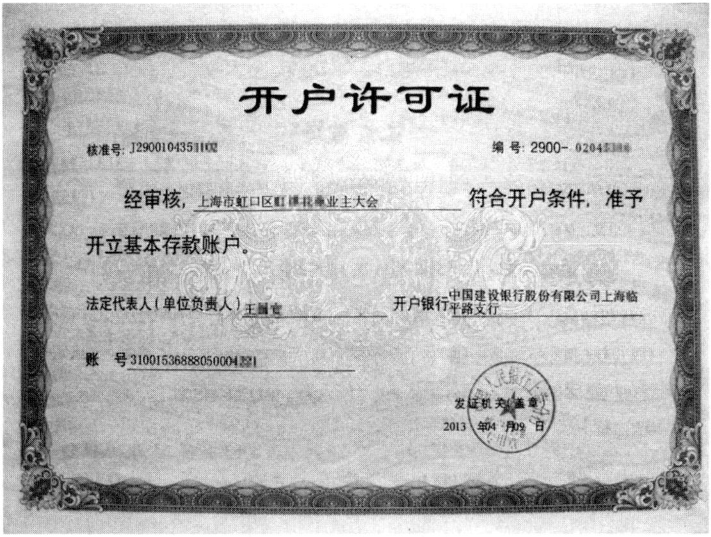

图一　某小区业主大会账户开户许可证

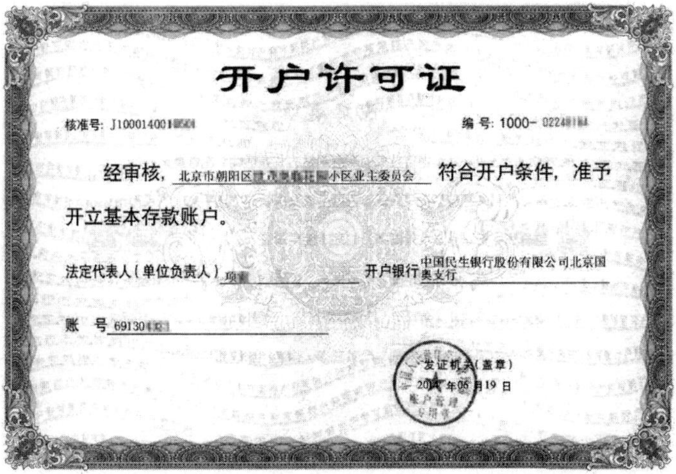

图二　某小区业主委员会账户开户许可证

业主大会的账户，从账户名称上就可以看出，账户的所有权是业主大会，即业主组织的。里面的钱，尽管也是交给业主委员会来管理、使用，但业主委员会应该向业主大会负责。而业主委员会的账户，则从名称上看就是这几个人组成的委员会的账户。账户里的钱，也许是业主大会的，也许是只属于这个委员会的，说不清楚。更重要的是，它不利于业主委员会委员们建立"钱属于全体业主，业主委员会委员们只是这个账户的管理者"的观念，反而会使得业主委员会委员们误认为自己是这个账户及其中资金的所有者。

更严重的问题还在于，业主大会一旦设立，除非建筑物灭失或业主共同决定撤销，否则其将永远存在下去；而业主委员会这个业主组织中的小机构，很容易因为成员的后继无人而停止工作，这样其中的资金就很难处理。

总之，业主组织的银行账户，以业主组织的名称开立为宜，而不应该以业主组织中的一个小机构的名称开立。

41.业主委员会和物业公司一样，只要业主选择了它们，就很难再推翻吗？

公共事务管理人的地位设计得越牢固，就越有利于群体管理活动的稳定性，管理人个体不会因为小毛病而丧失管理职责，从而保障公共管理秩序的维持。即便20%的成员认为应该撤换管理人，在法律上也远远未达到"双过半"的撤换底线。

因此，一般的弹劾、罢免等机制对公共事务管理人是战略武器而非战术武器。如果真设计一些"轻型战术武器"，例如自动死亡机制，那么业主委员会委员自动资格丧失，谁来组织补选委员？如果不补选，公共事务谁来承担责任？物业服务企业合同自动终止，组织新物业服务企业的选聘这段时间的公共管理缺失又如何应付？

因此，包括知情权在内的单个业主的权利，本质上不是让单个业主或少数业主能够"枪毙"公共管理人，而是给其压力，通过公开，让更多的业主了解真相，以起到对公共管理人的威慑作用。

至于权利总是停留在纸面上的问题，不只小区里面有，有些国家也有。

业主委员会不让看文件，可以去组织业主们在业主委员会门口非暴力地示威，递交请愿信，甚至可以去业主委员会主任、副主任家门口做这些活动。还可以印刷小区出版物，散发给全体业主，把情况告诉他们，让他们考虑是否一起组织弹劾业主委员会，或者在下次选举时考虑投票给谁。

物业公司不让看账目，可以去要求业主委员会出面组织业主们在物业公司总经理办公室门口非暴力地示威，递交请愿信，甚至要求业主委员会组织召开业主大会会议，启动罢免物业公司的程序！总之，是有可为的。

我们为北京××园设计的信托契约，区别于其他合同的最大特点就是单个业主也可以这样，而不是只能依靠业主委员会这个机构。制度只是提供一种渠道、通道，只是提供一种途径，用不用，不在制度本身，而在人。

从××园这些年的物业管理活动来看，业主们想知道物业管理处的账目、传票、凭证、原始单据等都是可以实现的；而业主委员会的文件更是对全体业主公开，业主都可以查阅。业主委员会、物业公司都基本上恪守了契约中赋予业主的"查阅、抄录、复制文件"的权利。

下面就几个具体事例，谈谈我们的制度设计初衷：

1. 业主委员会对酬金的审核、审批权。物业服务企业是要凭收入来生存的，这个收入在我们这里就是每个月的酬金。但当业主委员会不作为（比如因设计了它可以突然休克的机制导致的不作为）时，物业服务企业就"断粮"了。如果物业服务企业因无工资（酬金）而撤离，倒霉的是全体业主。但如果物业服务企业获得酬金的金额违反合同约定，无论业主委员会还是单个业主，都可以依契约条款起诉物业公司（而且我们还设计了败诉方承担律师费，以减轻业主们的诉讼负担）。总之，目前的设计是从全体业主和居民稳定生活的角度考虑，而不是一有问题就换一个的简单工作模式。

2. 物业服务过程全公开，包括摄像头记录的信息。如果有业主怀疑物业服务企业的职工做了侵犯业主权益的事情，那么物业公司有义务调出相关录像（注意，这里就体现了查阅、抄录、复制的权利的重要性）看看是否有物业服务企业的职工在活动，如果有，那么物业服务企业还应该拿出该职工为什么去那里、去那里做什么的工作记录单。这些，都在"ISO9001体系"中有规定。如果物业服务企业拿不出这些过程记录，那就是物业服务企业的过失，就要扣减酬金，直至解聘。

3. 关于20%的业主启动罢免业主委员会的机制，如果您是业主委员会的成员，请换位思考，一个人拿了600个签名来要启动罢免程序，目的肯定是使小区陷入无业主委员会的状态。因此，我也在思考这个机制的改善，要求声称有20%的业主签名的人同时拿出全新的业主委员会委员候选人班子成员，供业主大会表决，对新班子表决成功，即意味着对旧班子的罢免。否则，只罢免，不好。如果这样设计，20%中如果有假的，也就无法通过新名单了。

××园信托机制从2007年到现在（2012年），已经是第五个年头了。我们也发现了很多问题，在新的契约文本中也进行了一些修订。而有一些是属于《管理规约》和《业主大会议事规则》中的制度设计问题（弹劾业主委员会和业主委员会公开等），与信托契约无关。

42."业主自管"和"业主委员会自管"是一回事吗?

　　"业主自管"和"业主委员会自管"完全不是一个概念。业主自管就是业主们共同决定选举一个机构（或一个人）来管理业主们的财产。业主委员会自管是管理那几个人自己的事情，还是管理全体业主的事情？如果是后者，那不是自管是"管别人的东西"。除非业主委员会被业主大会决定授权作为管理者，业主委员会才可以给业主大会打工——当管理者。否则，业主委员会也不是天生就有管理业主们财产的权利。它只有法定（天生）的监督业主们选聘的管理者的义务和职责。

　　物业服务企业或其他管理人好比给业主们拉磨的"驴"；业主委员会好比给业主们看驴的"狗"。当然，如果业主委员会想"拉磨"，那要看业主们是否同意。

43. 业主委员会自治管理要不要注册一个物业公司？

如果您在北京（2012 年），业主大会很快就可以备案成民事主体了，就可以开立"业主大会"的账户并由业主大会对外分包物业管理工作了。由于业主大会的资金用于"业主们共同分摊管理自己物业（大厦）的活动"，并不是商业经营，估计不需要缴纳营业税。

而业主委员会仅是几个人的机构，即便能由他们开个"公司"，那么公司赚钱归他们几个分享？赔钱由他们几个承担？毕竟他们几个是股东啊。所以，还是等业主大会吧，全体业主是"股东"，共同分担风险、责任，共同享有利益。

业主大会才是业主利益的共同体，而业主委员会只不过是这个共同体内设置的一个理事机构而已，说白了，就是给业主大会打工的一个小委员会而已。

44. 业主大会能够进行商业、金融活动吗？

无论从国家法律对商业、金融等机构的注册制度考虑还是从业主大会所持"区分所有权财产"中共有部分不能分开并承担相应民事责任（假如可以，当遇到需要承担责任时，业主的专有部分就不得不用于抵债。这是不行的）的角度，业主大会（即全体业主）所有的财产是不能进行任何商业经营活动的，即不能做任何有商业风险的活动，只能是收取孳息。产生的现金余额，如果单独设立基金并投资是可以的，但不是以业主大会的名义，而是以这点资金（组合成的基金）的名义。当然，操作并不简单。

因此，业主共有财产产生的孳息，还是以分红的形式分配给业主们比较好。至于分红的方法，放入房屋维修资金、冲抵物业费等现金返还形式要好于其他任何实物、产品的返还，前者更公平。

45. 如何鉴别想进入业主委员会的人是否抱有个人目的?

我认为无法鉴别，但只要赋予业主们监督以及对业主委员会一切行为的公开权、罢免权、改选权，这种选举制度就会变成"好人的生产线"。

46. 业主大会设立监事会是个好办法吗?

我个人不认为在业主大会—业主委员会制度架构中加入监事会是个好思路。理由如下:业主委员会是个公益机构,让另外一群公益人士来监督这一群公益人士会使得业主委员会的人士工作不开心,自然影响工作结果。

监事会的选举、运转需要成本,增加了业主们的负担。

监事会滥用否决权会导致小区内的"两党制":在野党——监事会;在朝党——业主委员会。

《物权法》规定:业主大会、业主委员会决议对全体业主有约束力。除了法院和业主大会、业主委员会,没有任何人有强制力来否决、撤销业主大会、业主委员会的决定。即便是政府的行政裁定,也是可以通过诉讼由法院最终裁定的,更不要说由几个义工组成的监事会了。否则,没有人去做业主委员会委员,大家都来做监事会委员了。

业主委员会不是不需要监督,相反,应该加强监督,但监督的办法不是套用公司治理模式的监事会,而是公开,让业主委员会完全在阳光下运转。具体的制度设计就是:业主委员会的一切活动都应该以书面形式记录,业主委员会各种形式的文件、档案都允许任何业主随时查阅、抄录和复制。这种最大限度的知情权的保障，自然就约束了业主委员会每个委员的行动。一旦查出可能侵犯业主权利的事情，任何业主都可以通过行使《物权法》第七十八条的"撤销权"来请求人民法院判决撤销业主委员会、业主大会的决定。用这样的方式来监督业主委员会，与采用监事会而产生固定成本相比，要合理得多。

至于"三权分立"，其实现在已经是了：

- 业主大会、业主委员会享有立法权；

- 物业服务企业享有行政权；

- 至于执法权，是在法院。任何组织内部是不能设立强力机构的。

47. 业主委员会委员口头或写出书面辞职申请要有批复手续才生效吗?

口头辞任当然不太正式,最好有书面的辞任请求。比如他卖了房子,已经不再是业主了;再比如他重病住院,的确不能承担为业主服务的工作了……这些情况,业主们都会理解,而不会认为他有道德问题。那么,业主委员会作出一个书面决议,告知全体业主收到了他的辞任请求就可以了。

至于批准,业主委员会是没有权力的。因为业主委员会的委员是业主大会选举的,他要辞任是向选举他的机构提出申请,业主委员会只是代业主大会接受了他的申请而已。他从此不再为业主们服务了,没有关系,业主委员会择机召开业主大会会议补选委员就是了。

一旦业主委员会委员因为不负责任辞任这个事情有业主委员会的书面决议,即说明此事已经被确认,那么再改回来则仍然需要有书面的决议。这一点,我个人认为应该采取比较宽容的态度,尽管他比较没有责任心,但毕竟他又想回来为业主们做事了,总比没有人做事强。因此,只要没有补选成功,那么这种辞任再回来,业主委员会做个决议是可以的。

为业主服务的人不是太多,而是太少,没有人干。我们需要一切愿意为业主们服务的人士，无论他曾经怎么样。至于换届的时候业主们是不是还选他，表决的结果掌握在业主们手里。

补充一点，由于业主委员会主任、副主任等业主委员会内的"职务"是业主委员会会议选举的，所以主任的辞职是在业主委员会内部决定的。他辞去主任、副主任后，还是委员。

48. 业主委员会如何做好换届工作？

如果业主大会的《议事规则》中没有特别的约定，那么根据《物业管理条例》《业主大会规程》的规定，召开业主大会会议的职责是业主委员会的。

业主委员会委员换届（是业主委员会的委员换届，而不是业主委员会这个组织换届）的会议，当然也是业主大会会议。但由于其特殊性，业主委员会如何召集、组织这样的业主大会会议，可以在《业主大会议事规则》中约定。当然，业主委员会也可以在这样的业主大会会议召开时，自己认真考虑一个合适的方法。但无论采用什么方法，无论组织什么样的会务组，无论委托给什么机构具体执行业主大会会议的会务、秘书工作，业主大会会议召集的职责仍然是业主委员会。

由于目前业主大会（业主组织是业主大会而不是业主委员会，业主委员会只是业主组织中的常设理事机构而已）的理事机构的换届程序还没有"统一的、明确的规定"（也不会有这样的规定），再加上中国历史上"一朝天子一朝臣"的传统导致大家以为业主委员会换届而不是业主委员会委员换届，因此有必要顺便在这里给出我的一些建议：

1. 业主委员会在最初产生时，就设计一个较大（如30人左右）的机构。每年更换1/3的委员，这样每个委员都做3年，而每年都有"新鲜血液"进入业主委员会。需要进入换届的业主委员会委员，不过是1/3的人，即便在换届期间他们全部都"临时终止职责"，其余的人士加上业主委员会的秘书仍然可以顺畅地以业主委员会的名义做事。

2. 面对目前普遍的"小"业主委员会，为了委员换届避嫌，则可以由业主委员会将委员换届的这次业主大会会议，全权委托给一个律师事务所或者其他商业中介服务机构。这样的会议组织公司很多，但暂时还没有懂得召开业主大会会议的就是了。

3. 由业主委员会组织临时（或根据《业主大会议事规则》设置专门的）"业主委员会委员换届选举委员会（小组）"，在业主委员会的授权下专门组织召开这样的业主大会会议。但这种设计的缺点是，换届工作其实很复杂，临时组织的这种小组，其成员一般不会很专业，即会议组织水平不一定高，不利于会议的召开。在国家议会、政府的换届中有类似的组织，但那些成员都是极其专业的人士。

至于居民委员会，《条例》规定有监督指导的职责；召开会议前15天要通知它，此外没有什么法定权利。至于《业主大会规程》或其他政策性文件中声称居民委员会在一定条件下（比如"业主委员会不履行组织召开会议职责时"）有权利组织召开业主大会会议，那也是政府的一厢情愿。如果业主对这样的业主大会会议决议提出法律诉讼，它们恐怕很难获得法律的支持。

但是，如果由业主委员会委托居委会（当然需要居委会愿意接受业主委员会的委托）召开业主委员会委员换届的业主大会会议，则可能是个不错的办法，前提是业主委员会仍然是召开业主大会会议的主体（委托人）。此外，居委会对业主大会会议召开是否有足够的专业水平也是一个需要面对的问题。

《物业管理条例》摘抄：

第十三条 业主大会会议分为定期会议和临时会议。

业主大会定期会议应当按照业主大会议事规则的规定召开。经 20% 以上的业主提议，业主委员会应当组织召开业主大会临时会议。

第十四条 召开业主大会会议，应当于会议召开 15 日以前通知全体业主。

住宅小区的业主大会会议，应当同时告知相关的居民委员会。

业主委员会应当做好业主大会会议记录。

第十五条 业主委员会执行业主大会的决定事项，履行下列职责：

（一）召集业主大会会议，报告物业管理的实施情况；

（二）代表业主与业主大会选聘的物业服务企业签订物业服务合同；

（三）及时了解业主、物业使用人的意见和建议，监督和协助物业服务企业履行物业服务合同；

（四）监督管理规约的实施；

（五）业主大会赋予的其他职责。

《业主大会规程》摘抄：

第十二条 业主大会会议分为定期会议和临时会议。

业主大会定期会议应当按照业主大会议事规则的规定由业主委员会组织召开。

有下列情况之一的，业主委员会应当及时组织召开业主大会临时会议：

（一）20%以上业主提议的；

（二）发生重大事故或者紧急事件需要及时处理的；

（三）业主大会议事规则或者业主公约规定的其他情况。

发生应当召开业主大会临时会议的情况，业主委员会不履行组织召开会议职责的，区、县人民政府房地产行政主管部门应当责令业主委员会限期召开。

49. 业主委员会分工如何更合理以及更全面？

每个楼盘的问题不同，业主的诉求不同，业主委员会委员们的能力不同，业主委员会掌握的资源不同……因此，业主委员会委员如何分工，其实没有一定之规，但可以遵循以下几个原则：

1. 自愿。业主委员会委员没有谁领导谁，没有所谓的上下级关系。即便是主任，其实也是全体委员们的一个精神支柱，是业主委员会的一个象征，是业主委员会会议的召集人。除业主委员会主任在大家心目中应该多做事以外，其他委员的工作原则上应该以自愿为前提。在委员认做某项工作时，也应该考虑自己的专业水平是否能够应付工作内容，是否能不辜负业主们选举的信任，不要全凭激情。

2. 团队。尽管有些委员有专业背景，比如会计、律师、厂长……但很多事情一个人很难做得圆满。因此，还可以在自愿的前提下，由某项工作的自荐负责人在业主委员会内甚至普通业主中招募"合伙人团队"共同完成有关事项。当然，需要业主委员会以组织名义给予支持甚至授权时，则应该通过业主委员会议事规则产生业主委员会决议。

3. 业主需要。有的业主委员会委员有自己的抱负和想法，但有一些并不是业主们普遍知道和需要的,而是他个人关心的问题,更有一些是他自己家或那几个邻居遇到的问题。如果利用业主委员会这个公权力来实现自己个人的抱负或者用于自己或小集团的利益,那么他早晚会被业主们抛弃。

4. 自己能干得了。不同的业主群体所关心的问题不同,尽管业主委员会可以通过评估甚至抽样调查的方式获得业主们最关心的或需要解决的问题,但且不要说分工,就是业主委员会全体委员都扑到这个工作(比如更换物业服务企业)上都未必驾驭得了。在这个时候,这样的事情就不得不先搁置,甚至可以明确告诉大家我们没有把握能做好,待我们经验丰富了再说,或者留给下一届业主委员会来做。当然,这种情况下需要业主委员会有很高的共管技巧。

5. 出彩、作秀的事情和基础、背后的事情都要做。很多业主委员会委员往往关注物业管理水平提高的根本,即物业管理制度和财务问题,但这样的问题往往需要较长的时间才能见效,而业主群体往往不能忍受业主委员会选举之后杳无音信地工作,他们需要出彩,他们需要一些欢呼的事情。因此,业主委员会要考虑做一些立竿见影的小事,以维系人心;更要积极解决物业管理的根本问题,如财务、管理水平等。

6. 与开发商的问题。与开发商的问题分为两类。A 类是开发商与单个业主之间的;B 类是开发商侵犯业主共有财产权益的(包括绿地等)。对于 A 类的个体、局部问题,业主委员会必须热心积极地设置或授权设置专门的小组,组织大家通过谈判或募集诉讼费用,推荐、介绍律师事务所协助其进行诉讼。对 B 类问题,则应该积极聘请律师，认真评估谈判的目标和诉讼的风险，然后作出恰当的决定。

7. 处理业主之间的问题。这是一个永恒的问题，需要由专门的委员来完成。相比对外人的问题，处理这类问题需要更高超的共管技巧和人际关系掌控能力。以主任挂帅比较合适。

8. 必须做的事情。无论业主委员会委员们中间是否有这方面的人才，财务和物业管理水平的监管是必须做的。因此，聘请专业顾问或专职专项工作者是方向。这个可以由懂得人力资源管理或有企业管理经验的委员担任。

总之，没有业主委员会，业主的权益肯定会受到侵害，但有了业主委员会，业主的权益未必就不受侵害。这完全取决于业主委员会的组织制度建设和委员自身的能力。搞不好，业主委员会自身的腐败和与物业服务企业的勾结可能会导致业主们受到更大的损失。

最后就是业主委员会自身的资金资源——业主大会经费。如果没有钱，就几乎做不了什么，但有钱，也有管理现金的麻烦。

总之，业主委员会是中国的一个新组织，对每个委员来说可能都是人生头一遭，光靠热情是不够的，需要理性、睿智、冷静和热情，更需要理想的支撑和技能的辅佐。不过，也大可不必太过紧张。只要问心无愧，一个公益的工作，没有必要非逼自己做好。能做，就比不做的人强了。业主们不喜欢咱，提议罢免咱，经过业主大会决议就是了。

50. 业主委员会是否可以代表停车业主同产权人开发商协商停车费？

在车库产权确定属于开发商的情况下，业主委员会以热心为前提或以书面授权为前提，为了大量的有车业主的利益，与开发商协调车库价格，无可非议。无论得到授权与否，业主委员会都可以做这样的协调工作。协调的结果对任何业主都没有强制力。也就是说，业主仍然有权利不同意业主委员会协调下开发商决定的价格（注意，不是业主委员会与开发商协商制定的价格，而是业主委员会协调下开发商制定的价格）。

相反，如果车库产权是全体业主的，那么业主委员会代表全体业主（或称代表业主大会）与车库管理服务者（物业服务企业）谈判协商定出的管理费或包含属于全体业主收益的使用费价格，也是没有问题的。只是最终双方商定的价格，需要业主委员会提交业主大会表决。当符合《物权法》规定的比例同意后，才能成为法定的"业主共同决定"或"业主大会决议"。在这样的情况下，业主委员会去与另外一方谈判是否得到授权这个事情并不重要，重要的是谈判的结果是否经过业主大会会议表决。

51. 谁有权力裁判业主是否"履行了业主义务"?

公民的"权利""义务""责任"都是啥关系？我们都知道"权利义务对等"的原则，但知道"权利可以放弃""义务不能放弃而必须履行"吗？

义务一般有法定义务、（合同）约定义务和道义义务（或称"道德义务"）三种（民众的"义务劳动"中的"义务"完全是用错了词，本应该是"志愿"），不履行义务导致承担责任的后果。不履行法定义务，政府行政机构裁判（不服裁判可以请求人民法院裁判）履行或承担罚金等责任；不履行合同约定的义务，经人民法院裁判，一般要承担违约责任；违反道义义务，会受到社会舆论的谴责。

其实，还有一种义务——组织成员义务。由于我国多年禁止民间组织的发展，导致组织治理观念落后，治理水平低下。各种协会（例如足球协会）的会员义务、股份制公司的股东义务等，都属于平权成员之间的义务，存在不履行义务的裁判机制问题。

自从《中华人民共和国物权法》确定了"业主可以设立业主大会"（第七十五条）和《物业管理条例》规定了小区内的"物业全体业主组成业主大会"（第八条）之后，业主即可能成为业主组织的成员自然也应该有组织义务。

不幸的是，中国的业主还没有在组织中，就已经被套上了一个物业服务合同，并且要履行这个合同义务。那么，谁有权裁判业主是否履行了这个合同义务呢？合同的对方物业服务企业显然无权；政府行政机关显然也没有权力裁判合同纠纷；业主组织有权吗？也没有。因为，如果是业主与另外一个民事主体之间的合同义务，裁判权就只能在人民法院。

而如果业主组织建立起来了，且组织规定每个业主把物业费作为业主组织的会费性质的资金归集到组织中，那么，在这种法律关系下，每个业主所交的物业费，就不再是物业服务合同的合同义务，而转变成组织成员义务了，业主委员会代表的业主组织就有权裁定某个业主是否履行了业主义务。当然，如果被裁定的业主不服，可以通过人民法院请求最终裁决。这一点，《物权法》说得再清楚不过了：

第七十八条　业主大会或者业主委员会的决定，对业主具有约束力。

业主大会或者业主委员会作出的决定侵害业主合法权益的，受侵害的业主可以请求人民法院予以撤销。

从上面的分析我们了解到，政府无权对业主是否履行了合同义务或组织义务进行裁判。政府只能在法律赋予其的有限职责范围内，对公民是否履行了法定义务进行裁判，法律要求政府必须给出裁定文书。公民还可以对政府的裁判进行行政诉讼，并以人民法院的裁判为终裁。

业主大会筹备组是个临时工作小组，既无法律授权，也无契约授权，自然也无权对业主是否履行了上述两项义务作出任何有约束力的裁判。

业主委员会仅仅有权根据《业主管理规约》或其他业主大会决定作出的对每个业主的义务规定，对某业主是否履行义务进行裁判。除非裁判被人民法院撤销，否则，对业主有约束力。

"业主未履行（某个）义务"在没有任何有权裁定的机构做出裁决之前，任何人不能说其就是未履行义务，更不能因为其涉嫌未履行义务就剥夺其基本权利。如果要剥夺其权利，则必须有两个条件：1.相应的公法律或私法律（《业主管理规约》属于私法律范畴）有明文规定；2.它被有裁决权的机构裁定未履行义务。

如果政府认为某业主未履行某个法定义务，则应该由有行政裁决权的机构作出有效的书面裁决。业主不服裁决的，可以通过行政诉讼由人民法院来终裁。

如果业主委员会认为某业主未履行某个组织义务，则应该由业主委员会作出有效的书面法律决定。业主不服决定的，可以请求人民法院撤销。

除此之外，没有任何机构、组织、个人有权作出某个业主"未履行义务"的裁定！

52. 房产证上是老婆的名字，我可以进筹备组和做业主委员会候选人吗？

去房地产管理部门，花很少的钱，办理一个《房屋共有权证》就成为法律意义上的业主了，就有业主的一切权利，包括业主委员会委员的被选举权。

53. 我不是业主，能参加业主大会筹备工作吗？

作为筹备组的有表决权的成员，以非业主的身份目前不能正式参与筹备工作。但是，筹备组的工作还需要大量的具体服务人员，即志愿者或称义工。你完全可以作为筹备组的义工，在筹备组需要人手的时候，帮助筹备组做一些具体的事务，比如张贴公告，送达和回收选票，看管票箱等筹备组委托你做的事情。对社区的公共事务，每个人都可以不同的身份、不同的方式参与。大家都抽空参与一些事情，社区就增加一份和谐。

54. 小区业主想召开业主大会，政府物业 管理部门不同意怎么办？

建议你看看《物业管理条例》。业主召开业主大会的权利，是不是有什么前置性规定呢？也就是说，是不是非要什么人认可才能行使这个权利呢？我认为答案是否定的。业主们要行使物业管理的权利，照《物业管理条例》做就是了。要谁批准？业主买房子的时候要政府批准了吗？不是别人总在管制我们，其实是我们自己总想让别人来管制。

55. 未参与投票业主的票该如何定义？

从法定，无约定、无法定的从公序良俗、乡规民约或习惯。

在业主共同决定的投票统计上，《物权法》第七十六条说得清清楚楚：

第七十六条 下列事项由业主共同决定：

（一）制定和修改业主大会议事规则；

（二）制定和修改建筑物及其附属设施的管理规约；

（三）选举业主委员会或者更换业主委员会成员；

（四）选聘和解聘物业服务企业或者其他管理人；

（五）筹集和使用建筑物及其附属设施的维修资金；

（六）改建、重建建筑物及其附属设施；

（七）有关共有和共同管理权利的其他重大事项。

决定前款第五项和第六项规定的事项，应当经专有部分占建筑物总面积三分之二以上的业主且占总人数三分之二以上的业主同意。决定前款其他事项，应当经专有部分占建筑物总面积过半数的业主且占总人数过半数的业主同意。

这七项之外的事情，可以由业主委员会决定，也可以由业主大会决定。法律不但不禁止，甚至《物权法》还有规定：

第七十八条　业主大会或者业主委员会的决定，对业主具有约束力。

业主大会或者业主委员会作出的决定侵害业主合法权益的，受侵害的业主可以请求人民法院予以撤销。

这样，业主大会的表决自然要在《业主大会议事规则》中约定了。如果一群业主没有或忘记在《业主大会议事规则》中作出特别约定（《物权法》第七十六条各款，只能是通过《物权法》规定的"业主共同决定"的比例，不能简化或特别约定），那么可以由业主委员会决定，也可以由业主大会按照共同决定的比例来表决。按照这个原则，当业主大会用业主共同决定的比例表决任何事项时，只记录赞成的数量和面积。

"赞成的人超过了建筑物总面积的一半，而不赞成的人超过总人数一半"的情况显然没有达到"应当经专有部分占建筑物总面积过半数的业主且占总人数过半数的业主同意"，意味着该次表决流产。在业主共同决定的表决中，反对、不投票都不能计入"赞成票"。

56. 业主投票反对物业公司后又反悔了怎么办？

1. 如果这是个别现象，反悔并不影响结果，允许他们反悔吧。

2. 如果这是很多人的情况，建议业主委员会也允许他们反悔，但要公布反悔者名单。让大家都看看，是他们的反悔导致的后果。他们害怕物业公司，难道不害怕邻居的白眼？

3. 当然，业主委员会决定不能反悔也行！特别是业主委员会可以和这些人私下聊一下，如果他们只是害怕物业公司的报复而作出的懦弱举动，那么就理解他们一下。由业主委员会裁定不许反悔实际上也是他们的目的，即让业主委员会替他们做主了。

4. 如果经与政府沟通确认政府的态度与业主委员会一致，也可以把裁定的权利交给政府，避免由业主委员会来唱黑脸。

57. 公职人员参加业主委员会或者维权组织需注意什么问题？

军队的相关条例中禁止现役军人参与社会组织，其余的公务员应该都可以参加社会组织的活动。打消这些公务员身份的业主的顾虑的最佳途径，就是将业主委员会的工作规则写进《业主大会议事规则》中。它主要应该包括：

1. 单个业主委员会委员（包括主任委员）都无权代表业主委员会；

2. 业主委员会的任何会议，均应有书面的会议纪要。但会议纪要仅仅是业主委员会的工作记录的一种形态，不作为业主委员会的决议，故无须到会委员签署；

3. 任何业主委员会的决议应以书面形式作出，应有超过半数委员签名，且加盖业主委员会印章；

4. 任何委员（包括主任委员）不得作为业主委员会印章的管理人和持有人，而应该另外聘请业主大会秘书管理印章，印章的使用依照"半数委员签字同意"原则；

    ……

总之，能确定业主委员会决定是"多数委员共同决定作出的"，就能防止某个委员成为矛盾焦点。

58. 我们小区成立了业主委员会，想了解小区的产权分配，哪些是归业主所有，但又不知道该如何查询，怎么办？

　　业主大会筹备组是否将筹备成立业主大会的所有文件都移交给业主委员会了？如果移交了，里面有一个叫《业主投票权清册》的法律文件，这个文件中所记载的，就是物业管理区域内全部业主的资料。哪儿都不用去找，就在那上面记载着。

59. 小区更换物业公司是否应和小区业主重新签订服务合同？

当然！即便采用原合同文本，也至少应该把乙方的名称修改成新的物业服务企业并重新签署。

业主们决定换物业公司时，往往有两种情况：1. 对原物业公司履行合同的情况不满，而不是认为合同文本中的各项条款有什么问题；2. 对原物业公司的能力不满的同时，对原合同文本中的各种条款的设计也不满，甚至觉得原合同条款中很多都不利于业主权利的保护，反而保护了物业公司的不当利益。在现实中，往往都是因为第二种情况。

因此，表面上是更换物业公司，而实际上是对与原公司之间的合同关系的不满意。例如包干制合同文本在机制上就不利于甚至几乎剥夺了业主对物业公司的监督权利，大量的包干制合同都无物业公司的违约处罚条款等。在这样的合同关系中，物业公司即便"按合同执行"也不会令业主们满意——因为双方关系不平等！

所以，业主委员会的委员们在组织业主更换物业公司的过程中，应该把更多精力放在寻求专家协助起草一份更合理的、更符合本小区实际情况的新合同文本上，而不是简单地找一个"好的物业公司"。

60. 业主大会印章（权限）与业主委员会印章（权限）有什么区别？

业主大会对外，业主委员会对内。外是指业主群体之外，指物业公司、政府机构等；内是指业主群体。比如业主之间为物业管理打架、业主不交物业费、业主在绿地停车等违规行为，也是业主委员会管理的范畴。类似的，公司印章对外，董事会、办公室、人事处印章对内。如果股东和聘请的总经理发生冲突，股东说"我拒绝执行股东大会定期归集应分摊的费用了"，董事会必须要惩戒这个股东。因为，他把他自己与总经理之间的矛盾，扯到其他股东利益上，那董事会肯定不干。如果他与总经理发生矛盾，董事会应该帮助他解决，这肯定，但一定不能以拒绝承担股东义务来要挟董事会和股东大会。一码是一码。上述几种情况应该这样处理：

1.因物业管理原因导致业主之间打架，业主委员会应该支持业主向物业公司讨公道，甚至直接根据《物业服务合同》处罚物业公司。也就是说，业主委员会就是小区的裁判。当然，物业公司有去法院请求判决业主委员会侵权的权利。如果业主委员会滥用权利，是会受到制约的。

2.不交物业费，只要是业主，就没有任何理由可以支持你欠费！这个不用谈。

3.出现绿地停车等违反《管理规约》的行为，物业公司就该当全体业主的"工作人员"和"警察"。就严管！就该管！物业公司挣钱，除了管理、维护物业本身，还有对社区秩序的维护任务。干不好，参见1。

61. 如何成功地成立一个真正维护业主利益的业主委员会?

无法一开始就成立理想中的业主委员会,但一定有在业主普遍关注下、监督下的"真正维护业主利益的业主委员会",甚至那个业主委员会成立的时候可能还是个"坏的",有好的环境机制,它也能"改邪归正"或者通过更换委员而健康、良性发展。但业主们的参与不是一朝一夕的事情,需要精英们去宣传和推广。也就是说,要有"我不去死谁去死"的精英群体,先启动限制自己、监督自己且利于启动的制度、程序,把这个权利真正交给业主,然后自己去坐这个"自己设计的被广大业主关注的"位子,并且最终会被业主轰下来或者被业主(因选择了新人而)抛弃。

至于功能,从一群人在一起时就有。这种功能如果不被监督和限制,就会发展到让业主们受苦的方向,这群人成为第二个骑在业主头上作威作福的组织。所以,功能不重要,被监督更重要。功能在人,而人有的是,不行还可以花钱聘请顾问。

物业管理(服务)协议,决定了业主群体与用业主们归集的钱干活的那个组织之间的关系。这当然是个非常重要的文件,可以花钱写得非常好,毕竟有专业研究这方面法理问题的人士。但问题不那么简单，合同的内容如果不被业主们普遍认可，写了也是白搭，写了也不会用合同中的条款去保护自己，而只会用欠费的方法维权，最终把管家赶跑了，房子也没有人管理了。合同不是不重要，但更重要的是人们的共识。

62. 如何能让业主委员会做事？

业主组织（业主大会）内部机构（业主委员会）的成员是选举产生的，对这些人，如果再建立一个监督委员会或纪律检查委员会，业主组织的运行成本就会很高，而且业主们也普遍不懂得如何运转如此复杂的组织机构。因此，面对在道德上明显有瑕疵的内部机构成员，往往有两种对策可以选用：1.通过言论和到他家门口非暴力地示威等方式，来迫使他辞任，以补选新成员；2.等到他任期届满，再选举时大家不再选他。中国人想做什么事情的时候，就想立即办到，而不管今后如何。因此，采取方式1是合理的选择。至于很多国人喜欢找政府帮忙，在有了《物权法》和市场经济的今天，政府是不会理这些诉求的。我很厌恶那些不怎么样还不辞任的业主委员会委员，希望人们尽量用集体行动来迫使他们做事，不做就下台。

63. 业主要求解聘合同未到期的前期物业公司，业主委员会怎么办？

此事说简单也简单：召开业主大会会议，选聘一个新物业服务企业代替（即解聘）现物业服务企业，并准备到人民法院起诉原物业服务企业因被业主解聘而必须离开（排除妨害）。

此事说复杂也复杂，中间的过程涉及很多法律和操作技巧，搞不好会走弯路甚至前功尽弃。因此，建议你们第一步集资聘请专业人士帮你们操作。所谓的专业人士有：律师、（面对物业服务企业的）招投标公司、其他物业管理专家或业主维权专家或顾问机构。

64. 单个业主必须与物业公司签订《前期物业管理服务协议书》吗？

1.请业主们不要随便签署法律文书；2.无论是否签署这个文件，都不影响《前期物业服务合同》文本的法律效力。该文本是在政府的监督下撰写的，在政府那里备案。建议每个业主向开发商索要一份。因为，自己要履行该合同文本中的义务，也有该合同文本中赋予的权利。

如果业主们对该合同文本的内容不满，甚至对前期物业服务企业不满，那么更要抓紧成立业主大会（选举业主委员会），来共同决定修订合同文本甚至更换物业服务企业。

65. 办公楼项目需不需要交纳维修基金？

各国的物业管理制度普遍是基于"区分所有权"建筑的管理来规范的。而区分所有权建筑，绝大多数或几乎全部是住宅。绝少写字楼是采用这种物权结构的，更没有商铺是这样的。只有中国有 SOHO 这种区分所有权建筑的商铺。因此，各国在物业管理制度文本的最后，普遍有这样的表述：其他建筑物的管理，参照本法律（条例）。

那么，如果你的办公楼项目属于区分所有权建筑，是否缴纳住宅专项维修资金（从名称上就可以看出是"住宅"，即你说的"维修基金"）则取决于政府房产部门的认定。

交，各个区分所有权人都交；不交，大家就都不交。而如果该建筑物是简单的共有（而非"区分所有"），那么一切事情取决于共有人之间的约定。

66. 我们小区既有居民楼又有办公楼，该如何制定业主公约?

业主公约现在称"管理规约"，它是业主们之间约定的、在本建筑区划内对一些禁止性行为的规定，或称业主之间的约定。同一建筑区划内不同业态(物业形态)的物业，既有共同点又有不同点。因此，建议筹备组先把楼宇外的行为规范写好，然后再广泛征求各个楼栋(当然也包括写字楼)的业主的意见，了解不同业主们对公共管理的不同需求。如果真的能显现不同业态的业主的明显差异，筹备组在起草管理规约的时候，就可以参照这些意见撰写了。当然应该分开写，不能把写字楼业主对规范公共活动的要求，也写进其他楼栋中去。比如，写字楼的业主们(可能)会要求楼内禁止明火，甚至禁止烹饪，这就不能写进对其他楼栋规范公共活动的内容，即仅对写字楼业主有约束力；类似地，居住物业中的业主们可能要求"禁商"，这也显然不能写进"对全体业主有约束力"的条款中，而仅仅写进对住宅楼栋的业主行为规范中。

当然，上面说的都是理论上的。其实，就目前我了解的情况，中国的业主根本不把公约或者规约当回事，更麻烦的是法院也不把公约看作法律文件，而以为是个宣传性文书呢。所以，在实际活动中简单一些，只写所有业主都应该遵守的一些规范就行了。

67.开发商主任变身为物业经理，这合法吗？

　　不违法，但是不是违约，则要看合约的具体条款。如果我是业主委员会的委员，就会在合约草案中争取到这样的权利：项目经理人选，由业主委员会最终认定方可。

68. 小产权房能否成立业主委员会?

　　成立的不是业主委员会,成立的是业主大会,业主委员会是业主大会经过业主大会会议选举产生的常设理事机构。小产权房当然可以成立"小产权人会"或"小产权人大会"并选举"产权人委员会"或"理事会"来打理、安排有关所有产权人的利益的事情。

　　产权人自己的组织,要自己成立。政府愿意帮就帮,不愿意帮就聘请律师帮,不想花钱就自己干。

69. 业主委员会办公地点应该由谁提供？

业主大会是业主们的法定组织形式，业主委员会是业主大会的常设机构，自然全体业主应该给自己的常设机构提供办公场所。甚至，这个常设机构本身就该把自己的家底——到底有多少共有财产，如共有建筑面积、共有设备设施、共有土地等弄清楚，然后从中找一块地方就行了。

对于业主委员会的办公地点，我有几点建议，仅供参考：

1. 不要和物业服务企业距离太近，更不要在一个门内办公，否则容易引起业主们的反感；

2. 不要太豪华，最好用老的、旧的办公场所。这样才能（至少）从形式上体现"为业主服务"的组织纲领；

3. 一定要有电脑、网络、电话等现代化的办公设备。这些都是方便业主委员会与业主联络和向业主宣传的重要工具。

70. 联系不到所有业主，如何统计面积？

《最高人民法院关于审理建筑物区分所有权纠纷案件具体应用法律若干问题的解释》（2009 年 3 月 23 日最高人民法院审判委员会第 1464 次会议通过，法释〔2009〕7 号）规定：

......

第八条 物权法第七十六条第二款和第八十条规定的专有部分面积和建筑物总面积，可以按照下列方法认定：

（一）专有部分面积，按照不动产登记簿记载的面积计算；尚未进行物权登记的，暂按测绘机构的实测面积计算；尚未进行实测的，暂按房屋买卖合同记载的面积计算；

（二）建筑物总面积，按照前项的统计总和计算。

第九条 物权法第七十六条第二款规定的业主人数和总人数，可以按照下列方法认定：

（一）业主人数，按照专有部分的数量计算，一个专有部分按一人计算。但建设单位尚未出售和虽已出售但尚未交付的部分，以及同一买受人拥有一个以上专有部分的，按一人计算；

（二）总人数，按照前项的统计总和计算。

……

另外，《房屋建筑面积清册》应该由开发商提供。如果开发商不提供，业主们自己制备。

假设开发商就是不提供，筹备组就自己弄一个，不要考虑什么规则，什么"有"什么"没有"，甚至就随便弄一个。但有一条要在公示的时候说明：凡对本《房屋建筑面积清册》内容提出质疑的业主，请持自己的房产证、身份证明的文件，到筹备组申请变更。

要让大众懂得：没有人（包括我们筹备组）会主动地保护你的权利，一定是你自己站出来主张自己的权利。不主张，就没有权利。

71. 业主大会可否作为被告?

当然可以!但应该仅限于撤销业主大会作出的决定。《物权法》节选:

第七十八条　业主大会或者业主委员会的决定,对业主具有约束力。

业主大会或者业主委员会作出的决定侵害业主合法权益的,受侵害的业主可以请求人民法院予以撤销。

我们维护的是业主的利益,而不是业主委员会的利益。业主委员会也是要以维护业主利益为根本行动目标,而不是侵犯业主利益。

业主大会只有在不侵犯每个成员权利的情况下保护全体成员利益才有存在的意义。

72. 业主委员会期满，小区办和居委会 有权决定下一期怎么选吗?

且不说小区办（住宅小区管理办公室）、居委会的意见的对错，问题是法律上称他们的工作仅仅是"监督、指导"，而不是命令和裁定。法律上称建筑区划内的事情，要"业主共同决定"，并没有强制性规定应该怎么产生"业主共同决定"，至少现在还没有规范性的法规、规章出台。因此，只要不违反法律禁止性规定（不能做的），不违反法律的强制性规定（必须做的），剩下的一切办法都是可以选择的。

现在的问题是，谁牵头组织业主投票形成"业主共同决定"不是问题，问题的根本不是这，而是"业主共同决定"。谁能拿出充分证据证明某个结论（比如业主委员会的选举结果）是业主共同决定，这才是根本。

业主委员会的产生，应该是业主共同决定的结果，而不是少数想当业主委员会委员的人自己决定的事情。只要业主普遍认识到业主委员会的必要性，就没有成立不了的业主委员会。少数愿意做公共服务的业主，在业主们暂时还没有这个普遍共识的时候，只有一个事情可做：向业主们宣传。

73. 物业费到底是什么性质的费用？

我认为，物业费大概可以比喻成"业主大会会员费"之类的基金性质的款项。每个业主首先是组织成员、基金归集的义务人，有了这笔款项，才可能安排物业服务企业的物业管理活动。

任何一个业主，在该资金上面有按自己应分摊份额归集的义务；有该资金使用情况的知情权利；有参与和其他业主共同决定与资金相关事务（包括解聘、选聘资金管理使用人即物业服务企业）的权利。也就是说，一个分摊归集的义务，对应知情和参与共同决定这两个权利，并没有对资金使用不满而单独决定不分摊的权利。这一点，从中国有物业管理30年来，相关研究不多。

任何一个业主对组织不满意，可以采取卖房即离开组织的办法来解决，也可以采用呼吁大家修改组织章程（管理规约、议事规则等）的办法来解决，但不可以在身在组织的情况下不尽义务。

任何一个业主对组织聘请的物业服务企业不满意，可以采用呼吁大家解聘和重新选聘企业或改变物业管理模式（比如自管）的办法来解决，但在实现之前，不能以"自己不尽义务"来对抗组织（的不作为）。

即便是对前期物业服务企业（我最痛恨这个"前期物业管理"阶段，它割裂了业主们的义务和权利分配！）不满意，也应该遵循"业主共同决定"的基本思路，而不是采取"自我决定（欠费）"的分裂模式。

上述这种思路如果成为中国业主之共识，必将汇集业主组织的能力和凝聚力，使得业主的资产价值和社区环境得以提升。反之，则必将导致业主群体涣散，社区破败，资产贬值。

74. 物业费的构成

物业服务费（以前称"物业管理费"）的构成，是一个非常难说明的问题。

以物业管理结果为目标，以合同总金额包干采购物业服务企业的不特定服务产品的"包干制"物业管理模式，物业服务企业的报酬实际上就包括在合同总金额中。由于"包干制"只是承诺物业管理结果，不承诺服务品种、过程、标准等信息，故企业为实现合同承诺的物业管理结果可以采用任何企业认为合适的方法。合同总金额支出剩余的部分，全部为物业服务企业的利润即报酬。"包干制"尽管在合同中注明物业服务企业在合同总金额内"自负盈亏"管理目标产生的成本，多了是利润，少了企业要补足，但在实际操作中，由于"包干制"合同对物业管理结果的描述非常模糊，又不承诺服务品种、过程、标准等信息，这就使得业主一方根本无法从技术上、合同上、法律上衡量是否达到合同目的，物业服务企业实际上可以长期旱涝保收。以物业管理过程、事务为目标，以委托（或信托）物业服务企业代为管理、花费业主们提供的为完成这些过程、事务所需一定数额资金为条件的"酬金制"物业管理模式，物业服务企业完成这些受托事项所得的报酬，一般是按比例或固定金额在合同中约定且在上述资金外由业主们支付的。委托（信托）物业管理模式的优点在于只要业主们愿意，物业服务费中的每一分钱都可以得到业主委员会或业主们的亲自监督。这样在物业服务企业发生资金使用中的较小问题或问题隐患时，就容易被发现，以便提前解决。从"包干制"看，由于总额包干，故实际花在物业管理上的费用越少，物业服务企业的报酬就越多。再加上业主委员会和业主都无法查看账目，这个报酬就成了企业的商业秘密了。但"酬金制"则不同，无论是固定金额报酬还是固定比例报酬，报酬确定，报酬之外的资金如果因故未能用于物业管理，则结余在账户中归全体业主所有。

75. 物业费为什么要用预决算办法?

物业费使用的"预算—决算"办法,是一个能让业主们明明白白知道资金用在哪儿了的最佳制度。

每个财政年度周期开始前,由资金管理者向所有人提供下一个财政年度物业管理方案(或称计划),方案中每个对应的工作大约会产生多少成本计划则为该方案是否能完成的资金保障。这个资金成本计划就是预算。

预算水平的高低,直接关系到下一个年度资金使用的效果。如果某个科目预算资金过高,势必在年底才能发现有剩余资金而导致一些需要资金安排的地方因资金不能及时支付而丧失最佳作业、施工机会(比如该夏天干的工作,到冬天才发现钱有结余,但为时已晚了);相反,预算资金过低,则导致预算与实际产生差额,而势必需要削减其他科目的预算资金来弥补这个缺口,造成资金预算的一片混乱,拆东墙补西墙(比如预算保安人均 1300 元,而实际需要 1500 元,缺口资金导致要么减少人员,要么取消预算中其他科目的调配资金维持保安人数)。

预算就像一个家庭的"小财政"或"过日子"。每年这个家庭一共能有多少收入,这些收入应该用于子女教育、粮食、副食、娱乐、交通、服装、水电费、房租等方面的开支大概需要多少。每个科目的资金使用尽量控制在预算内，尽量不要超预算使用。所谓"宽打窄用"就是思路之一。结果，就是产生了结余。作为家庭，如果有了结余，则可以考虑存储、买黄金、买大件消费品等用途。

小到一个家庭，大到国家，在财政预算方面，其实都有一个资金缺少时的办法——借贷，唯独物业管理活动中不能利用这个金融手段。因为业主大会向外举债在法律上不可能，向内举债没有债的意义，因为钱就是花给全体业主的物业管理用的，使用掉了，就是还给业主们了。因此，向内举债反映在物业管理活动中，其实就是（临时）让业主们分摊一些费用，而这需要业主大会会议表决，否则无法实施。因此，一个良好的物业管理（资金）预算，既需要尽量准确，还需要有一定的结余，以便应付不时之需或其他特殊情况下的资金需要，但是这些结余并不是利润。

由于物业费费率（即每平米 N 元）这个数字不可能每年调整，故物业管理预算要考虑 CPI 的变化以及维修成本的不断增加对物业管理资金缺口的影响。因此，每年的结余都应该积攒起来，用于在资金不够时逐步冲抵当年的资金缺口，以保障物业管理水平的均衡实现。这些结余必须告诉业主们，而且在账面处理上也应该且必须采取避税的手段，以免让业主们的资金流失。

因此，并不是也不应该收多少花多少，而是不管收多少，都要根据长期的计划去使用资金，前几年可能每年有结余，但后几年亏损时就可以用前面省下来的钱弥补。总之，资金的管理就像一个家庭的理财计划，也像一个国家的财政情况。

这么多年来，经验告诉我，物业管理预算的原则大致如下：

1. 收入方面，应该把小区物业费、公共区域收费（租金）、共同区域管理收费（停车管理费）和债权（欠费）等所有属于全体业主的资金都无一遗漏地写上。

2. 支出方面则一定不能照上述金额总和来安排资金，而应该采用这些原则：

a. 按上一年度缴费率能收到的资金制定"各项基本支出科目"的预算。

b. 按预估的"清欠"回的总金额制定"在资金到位情况下的特别支出项目"（比如粉刷楼道、清洗玻璃甚至逐步更换老旧的摄像头等。有钱就办，没钱就挪到下一年）。

c. 还可以考虑从"清欠"回的资金中拿出一些（甚至全部）钱来给所有交费业主分红。这种办法能够提高小区业主们对这个大家庭的归属感和责任感。欠费业主所欠的资金追回来，当然要分给那些曾经交费来支撑小区物业管理的业主，或者用于今后其他物业管理支出。

最后，有了预算，再说说物业管理资金预算的制定、讨论、通过、执行流程。

作为一个专业的物业服务企业，它当然有义务（授权财务和运行部门）来制定每年的预算，当然要考虑各种情况而不是"满打满算"地制定预算。这就有点儿像国家的国务院（授权财政部）来制定国家预算。

这个预算，应该提交业主委员会进行讨论。业主委员会也可以聘请专业人士提出顾问意见，也可以向全体业主公开，请业主们讨论、建议和修改。这有点儿像国家的财政预算要通过人大讨论一样。

预算最终要通过业主委员会会议（或业主大会会议）表决，通过以后便成为下一个财政年度的（被业主通过的）执行蓝本。这有点儿像全国人大通过了国务院提交的财政预算。

这个预算经过了制定、讨论、修改和决定，进入执行阶段后，业主（委员会）应该对预算的执行情况随时监督（但不是随意地改变）。我建议，由于预算已经被通过，故预算内的资金使用业主委员会不再对金额进行审批，而只是对资金花费的程序（比如是否进行了招投标）进行监督。预算外的资金或预算科目之间资金的调整一定要知情、监督、审批为好。这有点儿像人大财经委员会监督国务院财政预算的执行。

总之，钱是每个业主的，而不是物业公司的。物业公司只是被业主请来帮助业主们花这些钱的。业主们应该对每一分钱都知情，这才符合基本的公序良俗。所谓的包干制其实就是腐败、贪污的温床，早就该被抛入历史的垃圾堆了。委托、信托（俗称"酬金制"）关系中也许业主们会麻烦一点儿，但自己的财产，自己不麻烦，别人就偷钱，那我们只能选择麻烦了。

76. 一个物业小区内，物业费会因为楼层不同，即使是同一个单元、同一种户型而不同吗？

物业管理费是全体业主之间协商的、用于属于全体业主的共有财产的运转、维护、保养和聘请相应人员等方面的费用。这些费用在初期是开发商帮助我们计算好的，我们在买房子的时候一般也书面承诺了这个费率。而单个业主的承诺（没有承诺的另说）实际上是基于对开发商的信任。

但是，业主大会产生（选举业主委员会为标志）以后，物业管理的决策权力就从开发商那里依法过渡到全体业主手中。这个时候，就从过去的"开发商说了算"改变为"业主大会说了算"的新权力格局。

这个时候，是各个业主之间就过去制定的费率是否合理、是否需要修改等事项，用业主大会内部讨论的方式去解决的问题了，不再是可以通过向政府投诉、向开发商投诉、向物业管理企业投诉等方法解决了。

由于户型不同导致的物业管理费不同是不是合理，取决于物业管理费的测算过程。但现实中的确很少有这样的情况发生。不知道为什么还和户型有关而不是仅仅和面积有关？

比如每月每平方米 N 元的电梯费，也不能简单地说是不是合理。因为如果这个电梯的运转成本较高，楼层又较少，且每层只有一户（就只能由该户承担本层应该承担的全部电梯费用），诸如此类的条件都会影响电梯成本在物业管理费中分摊的金额。

77.物业费公示的法律基础

不同的法律关系，物业服务费的性质是不同的。"包干制"的物业服务费，属于物业服务企业的营业收入，业主们买的是（描述模糊的）物业管理目标。企业如何使用资金来履行合同，除非合同约定，否则法律是保护企业的商业秘密的，也就是说，业主没有法定权利要求物业服务企业公示物业费的账目。"酬金制"就完全不同了。只有报酬的部分是属于物业服务企业的，它怎么用业主方没有权利要求其公开。但是，其余用于物业管理的全部资金都是属于全体业主的，不但业主可以在合同中要求物业服务企业定期公示，还可以要求其随时接受业主委员会（或在信托模式下的任何业主）查阅。当然，无论采用什么物业管理模式，费率（收费标准）是必须公示的。这一点有政府行政规定保障。

78. 物业费公示的边界是什么？哪些适合公示，哪些不适合公示？

"包干制"中的账目公示权利在物业服务企业，它有权决定不公示、全公示或有限度公示。

"酬金制"中的账目公示权利在业主一方，物业服务企业只是受托履行公示账目的职责，因此，业主可以通过委托（信托）合同委托物业服务企业全公示、部分公示甚至不公示（而改为向每个业主发出密封函件以保证每个业主知情和监督）。

79. 公示的主体是谁？以何种方式在多大范围内公示？

　　不同的物业管理模式中，公示的权利主体是不同的。但无论如何公示，执行者应该都是物业服务企业。目前少量实践的由业主委员会收取、管理、支付物业服务费的"自管"模式中，公示的执行者是业主委员会。至于公示范围、内容的确定，则取决于公示权利的主体。谁有权利决定是否公示，谁就有权利决定在多大范围内公示，甚至可以采用登报公示的办法。

80.是否可以公示欠费业主名单?

　　是否公示涉嫌欠费（准确地说应该是"涉嫌欠费"，只有法院判决的欠费者才能被确定是欠费）业主名单，法律不禁止。物业服务费的权利人即公示的权利人（"包干制"下是物业服务企业，"酬金制"下是业主大会或业主委员会）可以决定是否公示和采用什么方式公示涉嫌欠费的业主的名单，但同时承担公示的后果——如果公示内容与事实不符，公示者可能要承担对方的名誉权被侵害的赔偿责任（这就是要用"涉嫌"或其他限定性文字的原因）。

81. 可以通过欠费来解决问题吗？

"不缴物业费"这种行为，对某些"有气"的业主来说是"出气"了，但结果是物业维护、运转经费伤元气了，业主们的物业（资产）管理水平下降，资产寿命缩短、贬值，即用全体业主的利益换来了个人的"出气"。

82.拒绝公示、虚假公示是否需建立惩罚机制，由谁作出并执行？

依法、依合同应该履行如实公示义务而拒绝公示或公示虚假信息的，行为人自然应承担相应的责任。具体责任大多会在合同中约定。行为人不自觉承担责任的，权利人可以通过人民法院请求判决其承担责任，甚至在法院判决后可以通过申请强制执行的方式来迫使当事人承担责任。要特别说明的是，由于"酬金制"的物业管理模式中物业服务企业的报酬是业主委员会定期（比如按月）签发的，故可以用扣减报酬的方法让对方进行违约赔偿。对方不服的，也可以通过协商或请求人民法院裁判。

83. 业主委员会与物业签订的续聘合同，只在小区公示而未投票，是否合规和有效？

一个操作是否合规，其结果是否有效，取决于以下几个因素：

1. 合不合"规"，要看具体说的是什么"规"。我们常说的"规"大致有这几类：法律、法规、规章和业主组织的内部规定（这些内部规定，可以称为"家规"，包括但不限于《管理规约》《业主大会议事规则》等）；

2. 谁有权裁判一个行为是否"合法""合规"？一般来说，最高、最终裁判机关是人民法院，政府行政机关在行政法规规定的范围内也有裁判的权力。至于业主组织的内部规定的裁判权，则要看规定的具体条文了。但，人民法院一般也会受理业主组织成员对业主委员会决定是否合规的裁判请求即诉讼。这种诉讼一般被称为业主的撤销权诉讼，它是一类由任何一个业主发起的、请求人民法院撤销业主大会或业主委员会决定的诉讼。

我们再回到您这个案例，分级来讨论"合规"或是否"违规"的问题。

首先，您自己先看看您小区的"家规"——《管理规约》《业主大会议事规则》等法律文件，对照这个家规，看看业委会的行为是否合规。如果不合规，则要按家规中规定的解决途径解决。

家规以外的，则是法律法规了。鉴于各地的法规或政府的行政规章也不尽相同，故相同的一个行为是否违规，在不同省市会有不同的结果，这很正常。

如果您问题中的这个业委会的行为发生在北京，则应该是涉嫌违法的了。因为，《北京市物业管理办法》第十一条规定："确定或者变更物业管理方式、服务内容、服务标准和收费方案等""应当经专有部分占建筑物总面积过半数的业主且占总人数过半数的业主同意"。

所谓的"续聘合同"，肯定包括"确定或者变更物业管理方式、服务内容、服务标准和收费方案等"内容，这些应该是由业主共同决定的，而不是业委会在公示后就能决定的。

3. 其签署合同的行为是否有效呢？这个问题更有意思。到底谁有权力裁判一个组织的行为无效呢？一般来说，要么是这个组织共同决定，要么就是法院裁判了。现在，业主委员会的行为一些人可能认为无效，而又无法召集和组织业主们共同决定（这是我们国家的业主组织制度设计问题），所以就只能请求法院裁判了。恰好，《物权法》第七十八条第二款说得很清楚：

第七十八条 业主大会或者业主委员会的决定，对业主具有约束力。

业主大会或者业主委员会作出的决定侵害业主合法权益的，受侵害的业主可以请求人民法院予以撤销。

因此，如果业主觉得业主委员会的行为不应该有效而应该被撤销，就需要启动民事诉讼，最终由法院裁定而不是由这个业主自己裁定。

此外，这种诉讼权利也并非总是有，它只有一年的时间，时间过了，这种权利就没了。即《最高人民法院关于审理建筑物区分所有权纠纷案件具体应用法律若干问题的解释》（法释〔2009〕7号）第十二条业主以业主大会或者业主委员会作出的决定侵害其合法权益或者违反了法律规定的程序为由，依据《物权法》第七十八条第二款的规定请求人民法院撤销该决定的，应当在知道或者应当知道业主大会或者业主委员会作出决定之日起一年内行使。所以，问专家"是否有效"之后，要决定自己是否行使撤销权。不行使这个权利，那这个合同就有效，且一直有效下去。

行动，是维权的唯一途径！

84. 业主委员会可以在实施自治过程中聘请未取得资质的物业公司吗?

业主大会选择什么人来受托管理物业,是业主们共同决定的事情。如果选择物业服务企业,那么该企业应该遵守资质管理规定。这是企业的问题。

85. 开发商是大业主，还不交物业费，我们怎么监管跟它一伙儿的物业公司？

业主大会并不是小业主的业主大会，而是全体业主的业主大会，开发商如果有未售出房产，它本身就具有双重身份，既是开发商，又是业主。业主大会的成员没有开发商的份儿，但应该有所有业主的份儿。业主大会就是财产权利为基础的组织。而业主委员会是业主大会的业主委员会，不是小业主们的业主委员会。

从召开业主大会会议选举业主委员会的资格看，各地情况大多为：首户业主入住满两年或者入住率超过 50%。这种规定实际上考虑了小业主们的利益。毕竟两年的时间，一般的项目也都做完了（否则开发商差不多要赔钱了）；如果入住率低于 50%，即便能够选举出业主委员会，由于是按财产多少投票而不是按人数投票，这样选出的业主委员会也不会使小业主们满意的。所以，如果你所在的小区暂时还不具备成立业主委员会的条件（资格），可以利用这个时间来呼吁更多有能力的人关注业主利益，参与业主利益的维护，为将来成立业主委员会做好人力资源的准备。

开发商没有交纳物业管理费，当然是违法的。但这不能靠猜，而是要靠证据。如果有足够的证据，这种违法、侵权行为的纠正和救济，并不一定要立即进行，相反，这恰恰是今后呼吁业主们成立业主委员会时要考虑的方面。

业主们为了投资，就该真正关注物业管理水平。因为物业管理水平直接和租金、房屋状态的保护有直接关系。现在房子新，物业管理不好，很快就旧了，物业将急剧贬值。向投资型业主宣传这种理念，也是呼吁他们参加业主委员会工作，维护业主权利。

是不是看着物业管理公司为所欲为，是业主大会的事情，是全体业主的事情，而不是一两个业主的事情。这一两个看不下去的业主需要用宣传、呼吁、引导的方式将足够多的业主组织起来，一起维护业主的共同利益。这才是市场经济和法治社会的唯一合法途径。说白了，咱们觉得物业管理公司为所欲为，而大多数业主不这么认为，那咱们就是没辙。所谓"千金买房，万金买邻"就是这个道理。

86. 我没有分配到车位，是不是可以
拒交物业费？

停车位是谁的，是根本问题。停车位资源如果属于全体业主，那应该由全体业主共同分配。而当全体业主都不参与这个分配制度的建立和执行的时候，则物业服务企业事实上是这个资源的分配人。因此，只要分配机制公平，资源紧张也是可以理解的。如果分配机制不公平，则需要资源的所有人来改变分配机制。如果车位是属于开发商或其他业主的，那么物业服务企业连这些资源的分配人都不是，根本无权给您车位。无论如何，您不能因为"我没有得到一个车位"而拒交物业费，这不会受到法律的支持。

87. 小区成立了业主委员会，要与物业签订物业服务合同，这物业费该如何定价？

北京市的物业服务收费，除经济适用房以外，早就实行市场调节价格了。也就是说，双方协商了，政府不再管了。但物业管理活动中的花费并不是个简单的问题，建议聘请专业人士（其他物业服务公司的高层管理人士，曾经在物业服务公司做过高层管理的人士，大学物业管理专业的教师，物业管理咨询服务公司的专家等），请专家来协助与物业服务企业谈判价格。我在这里提醒，无论如何，业主委员会都不得在没有经过业主大会会议通过决议的前提下，与任何企业（包括前期物业服务企业）签署合同。

88. 不满意物业公司服务，业主拒绝交物业费，物业又要收取滞纳金，怎么办？

单个业主在维权活动中的弱势和无奈，且几乎没有合理和有效率的途径，已经成为中国物业管理活动的瓶颈。无论法院是不是强制执行欠费业主交费，物业服务企业都不会因为诉讼离开，故结果是显然的：双方还得继续"履约"，而一方又把另外一方送上了法庭。这种"仇人相见分外眼红"的结果，势必造成司法介入之后的更大矛盾。

因此，我曾以《单个业主因故欠缴物业管理费行为法律关系的分析》为题，先说明了单个业主在物业管理活动中的法律地位。从中可以看出业主到底弱在哪儿，以及如何改变这种状况。

除了从理论上分析单个业主的处境之外，谨就上述问题，发表我的看法：

关于滞纳金。如果（前期）物业服务合同中有约定，那恐怕法院会支持；如果业主（临时）公约（或《管理规约》）中有约定，法院也会支持。如果原告不能提出证据证明滞纳金的约定比例时，法院一般不会支持。

属于共同利益的问题，单个业主（或者不特定的业主群体）如果不依法组织起来或者依法确立业主和物业服务企业的法律关系，就无法维护共同利益，也就是说，对自己的共同利益，没有主张权利的请求权！这就是目前的社会普遍共识。尽管它是错的，法律也有其他方面的条文可以解开这个结，但需要人去解。

因此准确地说：

如果有证据证明物业公司确实没有完成合同内规定的服务内容，那一定是物业服务企业对业主共同利益违约。但单个业主没有权利主张全部，只能主张自己的份额。

如果罢交有关费用，当对方以侵权为由向你主张权利的时候，除了你因为有足够的证据的一些方面能够获得极其有限的减免（很难）之外，其余的，包括滞纳金，法院都会支持对方的主张。

从以上分析中我们可以看出，目前单个业主想要维护权利是非常艰难的。因此，想维权，组织起来是第一步。第二步就是确立全新的物业管理活动中包括所有单个业主在内的各方主体的法律关系，即签署新的法律文件——合同。

89. 我觉得与物业公司签署的物业服务合同不合理，我应该怎么做才能更改合同内容？

　　基于目前的法律环境（2007 年），业主们不组织起来就无法维护业主的共同利益，也无法建立更有效、合理的维护业主共同利益的机制。物业管理活动不是某个业主可以左右的一种群体性活动，法律规定必须由"业主共同决定"或者通过"业主大会"及选举产生的业主委员会来行使共同权利。因此，服务内容、范围、权利、义务以及物业费价格等一切物业管理事项都是可以改的。但您个人没有特别的权利，而是要和其他业主一样，在表决中行使表决权。最终，按照《物权法》规定的比例来确定是否符合"业主共同决定"的条件或者是否符合"业主大会决议产生"的条件。

　　至于我们入住时就有的物业服务合同，在法律上称为"前期物业服务合同"。这是一个与《合同法》中的各种具名合同相区别的合同种类。它受到法律的一些限制，特别是在期限上，法律赋予业主（是业主群体，不是业主个人）强势地位。

　　《物业管理条例》规定：

　　　　第二十六条　前期物业服务合同可以约定期限；但是，

期限未满、业主委员会与物业服务企业签订的物业服务合同生效的，前期物业服务合同终止。

......

第三十五条 业主委员会应当与业主大会选聘的物业服务企业订立书面的物业服务合同。

物业服务合同应当对物业管理事项、服务质量、服务费用、双方的权利义务、专项维修资金的管理与使用、物业管理用房、合同期限、违约责任等内容进行约定。

......

90. 业主共同决定的物业费率对少数业主不公平，该怎么解决？

【案例陈述】

在一个物业管理范围内，因为分期建设导致两期物业，其中一期房屋没有电梯，已全部入住，占52%的建筑面积；二期房屋有电梯，占43%的建筑面积；此外还有裙楼商场，占5%的建筑面积。

在一期业主的主导下，小区成立了业主委员会，然后召集业主大会会议，一期业主在出席及表决人数上占了绝对优势，所以经投票得出的结果是：一期房屋因为没有电梯，物业管理费为0.8元/平方米；二期房屋有电梯，物业管理费为2.7元/平方米；裙楼商场则按照15元/平方米的标准收取。

对于这个结果，二期业主和商场业主大呼意外，他们的疑虑是，凭什么让一期业主倚仗人数优势来决定二期住房和商场的管理费标准？但确实有占小区总建筑面积和总人数半数以上的业主同意，费用标准也在政府指导价范围内，在这种情况下，二期业主和商场业主要如何操作来维护自己的权益？

【舒可心解答】

这个案例已经不仅仅是物业管理问题，更是社会治理问题了！它已经涉嫌"多数人的暴政"（多数人通过"多数决"这个办法剥夺少数人的合法权益），只是发生在物业管理区域内罢了。

多（建筑物）业态的小区，由于不同物业及附属设备设施（如本案中的电梯）不同而用于运转、养护、维修的物业费肯定也不同。如何能公平、准确地计算出差异，是一个比较复杂的问题，甚至连物业服务企业很多时候也是"大概齐"的，更不要说业主们买房时开发商就已经确定了不同物业的物业费差异，故很少有人争执这个问题。

一个物业管理区域的建筑物如果是同一业态，管理比较简单。甚至如西方大多数的做法：一个建筑物由一个物业管理单位管理，则像本案的这种情况就不会发生。西方发达市场经济国家的政府，并不是一味地考虑发展经济，他们也考虑社会建设和社区和谐，故一般不允许开发商做像中国这样的超大型（1000 套甚至 5000 套房屋以上）物业管理区域，更不会多种业态混合在一起管理。这就从根本上减少了很多社会冲突，降低了社会成本。这一点，中国政府也明白了，但历史遗留的问题实在是积重难返。即便将来真的施行"街区制"，恐怕也有公共管线和共用设施（如配电房、热力站）在某个楼内等问题，导致产生新的矛盾。

但是，一个建筑物由一个物业单位管理就不会发生本案的这种问题吗？一个高层建筑，低层的业主是否应该与高层业主分摊相同的电梯费呢？北方的供暖费，朝南向的业主与朝北向的业主按相同的比例分摊是否公平呢？分户计量就公平吗？北向户型在供暖这个开支上，多于南向户型很多怎么办？

其实，只要是有社会就有差异，有差异就一定有不合理甚至不公平，特别是在市场经济环境中，不公平更是常态！

但人们往往对自己承受的不合理、不公平持认可的态度，因为如果所有的不公平都设法让它公平，那么一个人一辈子就什么都不要做了！结婚、生子且不说，连养家糊口都不可能了，因为追求公平是几乎不可能有商业利益的！

因此，法治社会有一个原则告诉人们：争取公平的权利，是每个公民的。但权利又是可以放弃的，而义务不能放弃。放弃义务要承担责任，而放弃权利则是权利人自己权衡利益后的选择。

在法律制度设计上，为了被侵权人主动保护自己的权利，就设计了一种权利，叫"主张权"，如果向法庭主张了，就叫请求人民法院裁判的"请求权"，也可以理解为对侵权人的"诉权"（这两个权利仔细分还是有差异的，在此不论）。

在遇到这类问题时，我们的政府官员、居委会成员、业委会成员或热心人士，总是想方设法让这个事情变得公平，政府官员甚至超越职权利用行政权力来调整这种不公平的状况。这其实是与我们国家缺少依法治国的传统有关。过去发生了冲突，都是"有困难找政府"，而不是"找法院"；甚至单位职工之间发生矛盾，书记就"说了算"！宣传工具也不断地强化这种"好人、能人"的案例及工作模式，更让人们相信一个不可能的状态：任何事情都一定能有一个各方都满意的结果、一个公平正义的结果。这种对政府官员和社会的文化宣传的误导，给今天各种冲突的解决增添了更多的困难——因为非冲突方（如政府、居委会、长辈等）的加入和强制裁判。

我们必须了解法治社会对权利的保护机制：

一、权利法定。尽管人们的权利是无限的，但由于生产力的发展水平和裁判机构的能力所限（保护公民权利是要成本的，公民要为此分摊国家税收），故一般国家只保护写在法律条文中的权利。当然，会有一些权利通过法官的裁判文书被临时保护了，但要形成社会普遍认可的权利，还是需要书面立法（特别是我们这样的大陆法系国家）。

二、权利可以放弃。有些权利放弃一段时间以后，就灭失了。如债权放弃超过 2 年以上，其向人民法院的请求权就没有了，表现就是超过诉讼时效了。

三、法院生效的裁判是必须遵守的，无论当事人认为这个判决是否公平。几乎可以肯定地说，没有一个诉讼判决结果是双方均很满意的！对不满意的判决的救济方式是有的，但也必须先执行生效的判决。实在觉得法院判决不公平，就只能祈祷上帝或天神降临了。最典型的案例就是 1994 年发生在美国的辛普森杀妻案，法院判决其无罪！我们国家由于早期的人治（政府行政首长做裁判、单位组织做裁判、书记做裁判）社会治理模式造成了不少问题，为了防止人治的错误，就设立了信访制度——让更高级别的人治来检查下级人治是否真的不公平并作出调整裁判。这种机制，就让民众误以为一定有一个青天大老爷能让自己得到公正、满意的结果。其实，任何裁判都是人作出的，可能会有错误。只不过通过标准化的诉讼程序和控辩双方的公平抗辩，是目前能找到的解决人类个体判断错误的最佳办法而已。

在小区内，业主大会通过召开会议作出了某项决定，这个决定业主们必须遵守吗？如果业主们觉得不公平，该怎么办呢？外人又该如何帮助那些认为不公平的业主呢？又该如何保护少数人的利益呢？

《中华人民共和国物权法》第七十八条说得非常清楚：

第七十八条 业主大会或者业主委员会的决定，对业主具有约束力。

业主大会或者业主委员会作出的决定侵害业主合法权益的，受侵害的业主可以请求人民法院予以撤销。

法律说了几个事情：

一、业主大会或者业主委员会形式上合法（例如有印章等）的决定，对业主具有约束力，即业主必须遵守。否则，业主大会或业委会请求法院要求业主执行这些决议时，法院会裁判不执行的业主败诉（发生反诉等情况导致的其他结果除外）。

二、如果某个或某些业主认为这个（些）决定侵犯了自己的合法权益（包括决定作出的程序违规所侵犯的业主的投票权、知情权和决定的内容对业主利益的实体侵权），业主可以请求人民法院撤销，即把业主大会或业委会诉至法院，让法院裁判。如果法院支持了业主的诉讼请求，那么相关决定就被撤销了！也就是说，保护少数人利益的事情，如果业主组织自己不能做到，那么法院可以做。但要认为被侵权的业主自己向法院提出请求。

这是当自治群体内部发生决定危机时通过外部强力机构介入解决的典型办法。当然，如果自治群体内部有足够的能力和智慧自我纠错，也可以无须外部强力机构介入。

要特别说明的是，在自治群体内部解决危机和外部强力介入解决危机中间，其实还有无数种通过其他机构、个人进行调解的方法。这其实是解决社会冲突的成本最低和效率较高的途径。

综上，如果发生和本案类似的情况，业主们或者非业主的热心人、居委会、政府公务员在不能实现调解解决问题的情况下，应该鼓励业主请求人民法院作出裁判，并对业主们进行必要的心理辅导：无论法院作出什么判决，业主都应该尊重和遵守。当然，协助业主们寻求最佳律师的援助，也是胜诉的必要条件。这就取决于业主们对律师服务的了解和是否愿意支付律师费了。

顺便说一下，根据《最高人民法院关于审理建筑物区分所有权纠纷案件具体应用法律若干问题的解释》（法释〔2009〕7号）的规定，业主的这个请求权利应该在一年内行使，否则法院就不会再受理了。司法解释条文如下：

　　第十二条　业主以业主大会或者业主委员会作出的决定侵害其合法权益或者违反了法律规定的程序为由，依据《物权法》第七十八条第二款的规定请求人民法院撤销该决定的，应当在知道或者应当知道业主大会或者业主委员会作出决定之日起一年内行使。

91. 暖气根本不热，物业做的测量却达到了 27℃，怎么办？

要想有好的环境，就必须团结起来建设这个好环境，然后才可能坐下来享受。供暖问题也一样。指望对手建立一个对你有利的制度环境，这可能吗？还是先团结起来再维权吧。

92.物业公司要停不交物业费的 业主家的水，怎么办？

　　一个办法是：交物业管理费，就物业管理的问题采用协商直至诉讼的途径解决。如果是需要成立业主委员会才可以解决的物业管理问题，则必须成立业主委员会。如果大家都不关心公共利益，而仅仅是你们几个人关心，而大家又不选你们做业主委员会委员，那么这个小区的公共利益就没有希望了，你们能做的就是继续呼吁大家关心，直至大家真的关心为止；要么就是寻找一个业主普遍关心公共利益的小区去居住。

　　再有一个办法，就是对物业管理公司"不卖水"的行为提起法律诉讼，当然，这会导致对方对你们欠费的问题提出反诉，结果未必好。实在不行，就权当没有供水设备，自己挑水吃了。

　　当然，后面的办法不是办法，如果为了公共利益，就必须成立维护公共利益的组织。组织不起来，公共利益就无法受到保护，那就是大家愿意被别人欺负，我们少数人是不能强迫大家来维权的。只有呼吁，不断地呼吁，直至大家愿意出来选举为止。

　　如果你是物业管理公司人员，也一定会这么做，这很正常。我们不能指望对手是笨蛋，而要让自己强大起来。强大起来的办法就是依法成立业主大会并选举业主委员会。现在物业管理公司掌握着重要的媒体（即公告栏）和每个业主的资料，他们可以向所有的业主宣传他们的理念，如果不成立业主委员会，你们的理念就无法向大家广泛地宣传，在网上，充其量也不过少数业主了解情况。因此，如果想维护公共利益，成立业主大会和选举业主委员会是根本解决问题的办法。如果想解决自己的问题，那就去和物业管理公司谈判或者上法庭。这基本上是不同权利范围的事情，因此，办法、途径应该是不同的。

93. 如何解决"恶邻"问题？

以下台湾地区的经验是不是可以借鉴？

台湾地区住宅大厦管理中依法可以申请法院强制驱离不良住户、业主。

刚刚过去的春节期间（2 月 23 日），台湾东森电视台播出了一条新闻：

> 新北市新店有一名陈姓男子，屡次在半夜开音响发出噪音，六年多来没有改善，管委会诉请法院强制驱离陈姓男子，不过却败诉，关键就在于，依照公寓大厦管理条例第 22 条，也就是俗称的恶邻条款，如果住户经过规劝，三个月内没有改善，才可以交付违规证据，诉请法院驱离，不过管委会却反过来，先决议驱离，然后才规劝，不符程序，因此判定败诉。

现将台湾《公寓大厦管理条例》第 22 条完整抄录如下：

> **第二十二条**　住户有下列情形之一者，由管理负责人或

管理委员会促请其改善，于三个月内仍未改善者，管理负责人或管理委员会得依区分所有权人会议之决议，诉请法院强制其迁离：

一、积欠依本条例规定应分担之费用，经强制执行后再度积欠金额达其区分所有权总价百分之一者。

二、违反本条例规定经依第三十九条第一项第一款至第四款处以罚锾后，仍不改善或续犯者。

三、其他违反法令或规约情节重大者。

前项之住户如为区分所有权人时，管理负责人或管理委员会得依区分所有权人会议之决议，诉请法院命区分所有权人出让其区分所有权及其基地所有权应有部分；于判决确定后三个月内不自行出让并完成移转登记手续者，管理负责人或管理委员会得声请法院拍卖之。

前项拍卖所得，除其他法律另有规定外，于积欠本条例应分担之费用，其受偿顺序与第一顺位抵押权同。

94. 高层住宅，一楼也要交电梯费，合理吗？

法律规定是"业主共同决定"。业主共同决定的内容是否合理，是另外一个事情。如果我们追求尽可能的公平合理，那么也许我们要付出很多实现公平合理的成本。拿电梯来说，势必要有一个大家达成共识的公式，按照某个系数来确定各层业主使用电梯消耗的电量及其他运营成本。实际上谁也说不清。即便采用一人一卡使用电梯的方式，也需要经过这个电梯全体所有人的"业主共同决定"。其实，那也不完全合理。总之，如果在经济上斤斤计较，就失去了邻里关系的和睦。孰轻孰重其实是很清晰的。即便是公共汽车，也不可能一站一个价，而是几站一个价。因为计算精确到一站一价，会造成车票价格中有角有分、卖票找零的麻烦。

公平、正义、合理从来都是相对的。

95. 对不交物业费的行为应如何定性？

为什么要定性？为的是要不交费的人改善，而不是要丑化他、歧视他。在酬金制下，不论什么原因，欠缴物业费都是未履行分摊共同财产的管理成本的一种行为。适当的限制权利甚至惩戒是合理的。但目的不是为了惩戒，而是为了大家都回归到一家人的和睦关系中。

因此，我们朝阳园的《管理规约》在 2011 年进行了修订，内容如下：

在园内某项公共服务并非因某业主自身的原因的确未能提供给该业主，或因某业主自身的情况发生需要公益性、慈善性救济时，业主委员会可以会同物业服务企业或园区内德高望重的业主、居民共同协商，从物业服务费总额中拨付资金给予这些业主适当的减免或补偿。作出决定的过程和结果均应该向全体业主公开。每年本项发生额不能超过该年度物业服务费总额的 0.5%。

其目的就是对那些由一定程序确定的合理的欠费或需要救

济的邻居，给予适当的减免补偿。其实，在国家税收层面也是一样。税收并不强调每个国民都平等地为国家管理尽相同的义务，而是根据其赚钱的能力大小来尽义务。赚钱少的，不但不交税，还要享受社会福利和公共财政补贴。这才是一个群体爱每个个体、特别是弱势群体的做法。所以，不要仇视、歧视那些欠费业主。要爱他们，要尽量帮助他们解决问题。同时，要设计合理的制度，在他们转让房屋获得一大笔资金时，不至于逃避债务。任何一个群体，都是由各式各样的人组成。大家从各个地方来，最终形成一个群体，需要一个建立基本共识的过程。

国人喜欢用惩罚对方的方式解决问题，而且并不尊重规则（法律、法院的判决），自己就当裁判，自然所有的判决都利于自己的利益，而不考虑集体的利益，更不考虑对方的利益。一个组织的凝聚，可以从两个方式来实现：惩戒和关爱。惩戒，我们几千年来太习惯了。关爱，则对我们来说简直就是新鲜事。

一个组织的义务，首先不是这个组织的利益，而是每个组织成员的利益，否则组织就没有存在的必要。从这个角度看，组织是有对每个成员保护的义务的。不管小区内是否有交费困难的人，章程、规则中有这种考虑体现了群体、精英们的爱的理念。

完全公开、透明的财务机制，披露一切与物业管理相关的信息，告知每个业主"钱用在哪儿了"，似乎并不是追缴欠费的直接办法，但它是改变人心的根本途径之一。十年树木，百年树人！交费、交税要让义务人从心里愿意，从心里感受到这个组织对自己利益的关心和保护，从心里感受到自己对这个组织的需要，而不是被组织管束着、强迫着，不得不执行组织的规定。

这是善治的理念。

96. 业主共同收益到底该怎么用？

随着业主组织的建立，业主共同利益得到了越来越具体的维护，特别是小区共有部位产生的现金收益真正归属全体业主的情况越来越普遍。这种利益格局的变化，使得业主委员会不得不面临这笔资金的使用和处理的新课题。以现金或实物（食用油、大米等）返还业主、维修改造老化设施、聘请法律和会计专业人员的支出等，成为这笔资金的主要用途。但我们在这里不是要讨论什么情况下用在什么地方是最合理的，而是试图说明该通过什么样的程序来决定用途是最合理的。研究决策程序的合理性，比研究结果的合理性更具有构建和谐群体关系的普遍意义。

对于业主共有财产及财产产生的任何收益，法律上都是属于全体业主所有。如何使用这笔钱，主要有两个问题：谁有权使用；用途。任何共同利益或公共利益的决策，都有公平和效率这对矛盾，共同收益的使用也不例外。

从公平的角度出发，共同收益可以采用大家协商、讨论、出谋划策，最终通过业主大会会议表决的办法决定用途。这种做法的优点就是公平。什么时候形成多数人决定了，什么时候用这笔钱；没有形成多数人的共识，这笔钱就放在那里。这种做法的缺点是明显的，资金放在那里久拖不决，实际上是一种机会和资源的浪费。但至少业主们不会产生重大的冲突，是一种比较消极的、以公平为目标的公共政策模式。

从效率的角度出发，一些业主大会（实际上是在业主委员会的主持和策动下）通过的《管理规约》对业主委员会赋予了有限的授权，比如在一定数额内的资金，或增加一些用途限制下的资金，由业主委员会直接作出决定。这种做法的缺点是明显缺少资金所有权人的普遍参与和知情，如果加上业主委员会在操作时不能及时化解公众的质疑和公开资金使用过程，那么很容易招致业主们对业主委员会的不信任，这也是一些业主委员会委员普遍感到"好心不得好报"的根本原因。

在这两者之间，有无数种中间办法，取决于业主委员会委员们的理念和能力。一般的原则就是：每个项目的支持者组成项目预算、策划工作小组，对该笔资金或资金中的部分用途，作出具体的方案并说明其重要性和必要性，与其他小组共同竞争。如果业主委员会也是项目提出者，那么业主委员会可找一些德高望重的业主来主持所有项目的公开讨论和听证会。经过听证过程之后，根据《管理规约》的规定，可以由业主委员会决定到底优先安排哪些项目资金，或者由业主大会会议表决。具体怎么做，可以根据实际情况酌情调整，但万变不离其宗，满足业主们的知情权和行使表决权的愿望，构建和谐业主群体。

如何对公共事务进行决策，如何对公共资金的使用进行决策和执行，是公共管理者的基本技能。业主大会恰恰是培训这个技能的一个课堂。

97. 物业公司在业主委员会成立后能否起诉单个业主欠费？

任何一个民事主体（个人或组织）都有对自己认为被侵权或被拖欠债务提起主张的权利。这种基本权利是不能被（事先）剥夺的。

至于这种权利最终是否得到法院的认可（立案、判决），那要看法院对诉讼程序、实体进行裁定之后的结果。我们任何人无权干涉法院的审理、判决。

所以，诉权是一个基本权利，谁都可以去诉，但并不是诉讼就一定胜诉，还要看双方当事人在法庭上的抗辩。

我们国家立案的法律要求非常低，《中华人民共和国民事诉讼法》中有如下规定：

第一百一十九条 起诉必须符合下列条件：

（一）原告是与本案有直接利害关系的公民、法人和其他组织；

（二）有明确的被告；

（三）有具体的诉讼请求和事实、理由；

（四）属于人民法院受理民事诉讼的范围和受诉人民法

院管辖。

法院就是根据这些条件来决定是否立案的。

98. 物业管理公司或开发商有权发起全体业主签名吗？若它们发起的签名有效，其他任一方是否都可发起签名，包括作为个体的业主都可以吗？

还是让我们先共同学习一下《中华人民共和国物权法》的有关条款再讨论吧。《中华人民共和国物权法》摘抄：

第七十五条 业主可以设立业主大会，选举业主委员会。

地方人民政府有关部门应当对设立业主大会和选举业主委员会给予指导和协助。

第七十六条 下列事项由业主共同决定：

（一）制定和修改业主大会议事规则；

（二）制定和修改建筑物及其附属设施的管理规约；

（三）选举业主委员会或者更换业主委员会成员；

（四）选聘和解聘物业服务企业或者其他管理人；

（五）筹集和使用建筑物及其附属设施的维修资金；

（六）改建、重建建筑物及其附属设施；

（七）有关共有和共同管理权利的其他重大事项。

决定前款第五项和第六项规定的事项，应当经专有部分占建筑物总面积三分之二以上的业主且占总人数三分之二以上的业主同意。决定前款其他事项，应当经专有部分占建筑物总面积过半数的业主且占总人数过半数的业主同意。

从《物权法》的法律条文我们是不是可以这么理解：业主们可以决定设立业主大会，也可以不设立业主大会，但无论是否设立业主大会，有关事项都必须由"业主共同决定"呢？

如果我们对《物权法》的理解有这样的共识，那么物业服务企业的做法就可以理解成：任何政府、非政府组织甚至个人，都可以发起各种形式的"业主共同决定"，但要承担向社会证明所表决的事项的确经过"业主共同决定"。因此，以书面表决的方式来完成"业主共同决定"是最恰当的形式。但同时，具体经过业主共同决定的事项，要考虑其可操作性、宣示性等目的。否则，可能虽然成为"业主共同决定"，但由于发起人没有在决定事项中考虑具体执行（宣示性除外）的可行性，则可能导致"决定但无法执行"的后果。显然，本案例的现象中，物业服务企业应该是准备自当执行人，作为物业服务企业，只要业主共同决定，又不要业主承担费用的话，当执行人是恰当的，也是符合法律规定和合同约定的。这些新表决的事项如果与原合同或者《管理规约》等文件相悖，自然可以视为对原文件的修订。

99. 楼宇的门禁系统是不是物业管理范围？

一般来说，早期由政府物价部门（物价局、发改委）备案物业管理费的小区，安防设备的维修、养护费用都是计入物业管理费的。每个小区的具体情况，还需要确认，或者是让物业管理公司公布账目，或者至少是让物业管理公司公布物业管理合同。现在，在市场经济的原则下，业主的哪些设备算是物业管理公司应该养护、维修的范围，取决于合同而不再取决于政府的规定了。但早期由政府介入（备案）的项目还需要根据当时的情况具体分析。

100.业主室内维修，不但自己购买物件还要付物业维修人员工时费，合理吗？

物业管理费内是否包含室内维修服务费，要看定价时的依据。如果是按照政府标准定价，那就去查阅政府的有关政策文件；如果是业主（大会）和物业管理企业协商定价，那就去查阅合同中相应的物业管理企业的义务条款。

101. 购买非住宅类商用楼是不是不用交专项维修资金?

按照《商品住宅专项维修资金交纳须知》,交纳人是"凡1999年1月1日以后签订商品住宅……",那是不是说购买写字楼等非住宅类物业就不用交专项维修资金了?

所谓"不用"的概念是:的确没有法律、法规、规章甚至政府政策要求非住宅类物业的买受人应该按某种规则归集专项维修资金。但是,如果您所购买的房屋的业主(临时)公约中有这样的约定,您就必须依照该约定和其他立约人一起履行该约定的义务。很多事情,并不一定是法定义务,而可能是约定义务。

如果没有法定义务,也没有约定义务,当然就没有交费的义务。收费人可能会说:需要用的时候再归集,时间来不及。您就告诉他:您说得很对,我也同意。但是,请先用法定形式召开业主大会会议,用决议的方式来通过"立即预先归集本大厦专项维修资金的决议案",并在该决议案中明确说明每个业主应该交纳、归集的比例。如果业主们同意(依法定程序通过业主大会决议)了,那所有业主都该遵守。无论什么人以"好意"的名义来随时收费都是不行的。

写字楼维修资金的问题,的确非常复杂。政府不代存,开发商通过协议让业主交纳，在这种情况下，就看业主们（而不仅仅是个别业主）的总体愿望和决策了。

102.地面停车位到底算谁的?

　　一般情况下，地面停车位不是建筑物，而是土地。因此，是属于全体业主的。

103.开发商卖地库，业主如何维权？

开发商卖地库，应该与卖商品房手续一样，且买受人最终可以获得与商品房房产证一样的证件，这才合法。但如果在开发商卖地库这种违法行为普遍实施时，业主们不反对，反而还凑热闹去买，那么这种违法行为就会在没有人要求公权力介入、制止的情况下成为事实。所以，市场经济中，要紧的不是对方是否违法，而是我们面对违法行为的态度。不出声、纵容、参与，那就导致违法不会被纠正。

104.暖气管道保修期是多少年？

　　商品房供热设施的质量保修期限，不得低于国家《建筑工程质量管理条例》中规定的两个采暖期。在保修期内，房地产开发企业应当承担维修责任。保修期限的起始日期自商品房交付使用之日起计算。

　　如果合同约定高于国家规定，以合同为准。但合同约定不得低于国家规定。

105. 公共绿地被业主委员会侵占，怎么办？

如果是业主委员会的决定，那么任何业主都可以请求人民法院撤销业主委员会的决定。见《物权法》第七十八条第二款。

如果是伪业主委员会做的，那么就是邻居或邻居们做的，可以向政府举报，或由业主委员会责令其改正，或由业主大会作出责令其改正并罚款的决定。

如何处理要看具体情况了。

106.车位究竟怎么分配才合法?

不动产的所有权,是以不动产所有权凭证来证明的。谁有凭证,谁就是所有权人。没有人有这个凭证,那么就是这片土地共同使用权人即全体业主的。属于全体业主的车位,当然应该由全体业主来共同决定其分配、使用的规则。不能仅由有车的业主来分配。

107. 安装门禁，一个单元 16 户中有 3 户不同意，怎么办?

这个问题非常普遍，即少数人与多数人的冲突问题。

如果 16 户组成一个合法组织，那么可以根据组织章程来强迫这 3 户执行组织规定。

但如果 16 户只是邻居，则 13 户的决定对另外 3 户没有强制力。那么，如果 13 户还是想安装门禁系统，就只能与另外那 3 户协商，在他们同意安装门禁的前提下，甚至还要分摊他们不愿分摊的那些钱!

这就是木桶效应，或者叫短板效应。

16 块板子中有 3 块短的，大家还得绑在一起，只有那 13 快板子多担当一些了。否则，13 块板子的日子就不得不与那 3 块板子的日子一样。这就是解决社会矛盾的基本原则。

此外，即使不让那 3 户出钱，他们也不同意安装门禁，就更考验这 13 户的协商能力了。

108.物业审计出问题，物业不面对，
反而要违约退出，怎么办？

　　合同双方一般来说有权提前解除合约，只不过要承担违约的责任而已。强迫其继续履约是不合理的，除非有特别的状况法院会判决其继续履约。

　　既然大家认为它涉嫌偷钱，它自己也要走，就赶紧找一个新的吧。不过，我建议大家不要在物业公司的名称上、组织上下功夫，而要在机制上、物业管理模式上下功夫。如果沿用现在的合同，下一个公司还可能是一样的结果。

109. 业主委员会或者物业公司是否有权将小区的土地以合同的形式转让（出售）给业主？

谈及住宅建设用地，不要说业主委员会、物业服务企业，即便是全体业主也无权单独处分土地使用权，只能随房屋的转让而转让，而且转让的只是土地使用权。所有权永远属于国家。但属于全体业主共同拥有使用权的土地，是可以通过公开、公平的办法产生合理的对价（价格），按照《合同法》的相关规定出租给其他民事主体使用的。但改变小区规划，改变地上附着物或原状态，则需要三分之二以上的业主共同决定且需要办理行政审批手续。业主委员会和物业公司都别打这个主意吧。

110. 小区车库被盗怎么办？

　　保护自己的利益，当然要靠自己的力量或购买公共产品，如保护自己的车辆及车内财产，要靠自己锁好车、安装报警装置、注意车内不放贵重物品、购买财产保险等。我们在购买财产保险这类公共服务的时候，有没有想过我们交物业费、雇佣物业公司实际上也是在搭建（而不是购买）一种公共服务呢？现在遇到的问题，除了自己财产的权益问题外，还有搭建的公共服务本身的问题。

　　因此，要解决这个局部公共服务质量差的问题，就需要和其他分摊这个局部公共服务的邻居联合起来，与物业服务企业谈判，监督他们：要么大家决定取消这个局部公共服务，大家不再出钱雇佣任何人，每个人自己管自己的财产；要么大家想办法使归集的钱发挥应有的效能——提高物业管理水平和安保质量。

　　所以，小区内安保问题的解决，表面上在物业服务企业改善服务，根子上在业主们关注所交的物业费，能组织起来花好物业费。

111. 空调室外机的笼子掉下去了，谁的责任？

从法律上讲，室外机及那个笼子显然是每个业主专用的，如果物业服务合同中没有对业主专用的某些设施的维修、养护有特别的约定，那么室外机及该笼子的维修养护责任是业主的。

但是，物业服务企业如果仅仅以合同为由不闻不问，显然会失去业主们的好感。它未尽道义义务，即应该提前告知、提醒业主可能的风险。这种风险除了业主财产损失的风险外，更重要的是高空坠物导致的公共灾难和业主可能承担的民事赔偿责任。

112. 小区电梯年检不合格，业主每天爬楼梯，关于维修资金的法律法规有哪些？

这种情况属于紧急情况，如果在北京，可以申请使用维修资金。《北京市住宅专项维修资金管理办法》第二十九条规定：

第二十九条　发生危及房屋使用安全等紧急情况，需要立即对住宅共用部位、共用设施设备进行维修和更新、改造的，应当按照以下规定列支住宅专项维修资金：

（一）住宅专项维修资金划转业主大会管理前，按照本办法第二十六条第（四）项、第（五）项、第（六）项的规定办理；

（二）住宅专项维修资金划转业主大会管理后，按照本办法第二十七条第（四）项、第（五）项、第（六）项、第（七）项的规定办理。

前款所称的紧急情况一般包括：

（一）屋面防水损坏造成渗漏的；

（二）电梯故障危及人身安全的；

（三）高层住宅水泵损坏导致供水中断的；

（四）楼体单侧外立面五分之一以上有脱落危险的；

（五）消防系统出现功能障碍，消防管理部门要求对消防设施设备维修及更新、改造的。

工程完工后，物业服务企业、业主委员会（未成立业主大会的，可以由社区居委会召集业主代表）应当组织有关单位验收，并出具工程验收报告。验收合格后，物业服务企业持相关材料申请使用住宅专项维修资金。

113. 我们小区的开发商、物业、维修公司以及业主委员会可能在合伙套取我们的住宅专项维修资金，怎么办？

首先，维修资金的使用是需要三分之二的业主表决的。如果表决过程公开且没有造假等行为，也就是说，大家不认为资金被合伙套取，自三分之二的业主表决通过那天起，这个事情就定了。

如果您在表决前或表决过程中发现问题，觉得涉嫌合伙套取资金，那么最好的办法就是事前救济：呼吁全体业主投票反对或干脆不投票。因为，不能达到三分之二的时候，产生不了决定。

如果您发现业主委员会操纵选举并且有明显侵犯业主权利的行为（例如造假票就侵犯了被造假票业主的权利；例如不公开就侵犯了包括您在内的业主们的知情权等），您可以通过鼓励被侵权业主通过启动《物权法》第七十八条第二款赋予每个业主的"撤销权"诉讼，来终止已经作出的涉嫌侵权或违法的决定。

群体的事情关键是公开。公开了，什么事情都容易发现和尽早解决。公开了，多数人同意的事情，少数人一般也就不会再猜疑了。

114. 在原锅炉房旧址上建社区服务大楼，妨碍后面居民楼低层住户采光，怎么办？

如果业主们不尽早成立业主大会，选举业主委员会，在平时就关注业主们的共同利益，那么今天欺负这个业主，明天欺负那个业主，未被欺负的人不出手，被欺负的现象就会持续下去！

首先，在一个房地产项目规划中，所有建筑物的所有权状况都是预先设定好的。分摊与否并不与产权挂钩。例如，本栋建筑物的所有共用部位，都属本栋建筑物的全体业主共有。但高度低于 2.2 米的部分是明确不允许分摊的。举例说，一个楼有 100 户，每户的房产证建筑面积是标注为"套内建筑面积"与"分摊面积"两项之和。假定 100 户业主的每个房产证的建筑面积加在一起，统计结果为 12000 平方米，但如果我们去看建筑竣工图，那上面标注的（施工）建筑面积一定超过 12000 平方米，可能是 14000 平方米。那么这多出来的 2000 平方米是不允许分摊的面积。但它也是属于全体业主的！

一般而言，不连体的建筑，是不能被其他建筑业主分摊的。也就是说，锅炉房大概并未被分摊。但锅炉房的产权并不因为其未被分摊就不属于全体业主所有。到底锅炉房的产权归谁，要看规划中的条件和政府是否按规划颁发给某个法人或自然人房产证。如果该建筑物定位为不可销售的，那么根据我们国家土地法相关的"物随地走"原则，由于该规划土地使用权转移给了全体业主，故该土地上的一切附着物都是全体业主的。

我们分析了锅炉房的所有权情况。具体是有还是没有产权，要看是不是有人依法获得房产证。

无论该锅炉房的产权人是谁，其拆除和重建、改建都涉及本小区整个规划的变更，需要业主共同决定才可以。

所以，我的建议就是，尽快集资在当地聘请有经验的律师协助维权。要注意的主要侧重点有：

1.锅炉房的产权人是谁；

2.改建、重建是否有规划和建筑批准，以及这些批准是否涉嫌违法；

3.上述情况均无法律瑕疵，如何解决侵害居民的采光权的赔偿问题。

115. 房产中介和收废品的人员都有小区门禁卡，怎么办？

　　您家的门，肯定只有您自己和家人有钥匙。如果给了别人，您或您的家人一定要想办法，看看是哪儿出了问题。

　　现在的"家"扩大了，一个单元是一个家了。这个家的大门钥匙除了家人有，外人也有了。怎么办？一样啊。家人们坐在一起，讨论一下，想个办法就是了。如果把家看成是整个院子，那么一个小区的业主们就该组织起来，该收回就收回。否则，那个自称为管家的物业公司就可能监守自盗还假装糊涂。

116. 怎样对待小区内的行政广告?

业主委员会当然有权利处理这样的事情,可以责令物业服务企业取消这些广告,既然没收钱,也就没有什么损失和赔偿。

如果不取消,那么业主委员会就可以向全体业主呼吁:这样的物业公司是不是还留着用? 让广大业主想想明白。必要时,干脆召开业主大会会议,讨论对该物业服务企业的信任问题,甚至直接讨论撤换该物业服务企业。

物业公司不怕业主委员会,但他们一定怕全体业主,怕业主大会。

117. 有人在绿地里停车怎么办？

　　一个群体，当然有权利制定对违反集体规则的成员的惩戒性条款。是否违法，要看这个条款是否最终被（或可能被）法院判决无效。

　　以前很多人说物业公司不能罚款，我问他们为什么。他们答："他们没有权利。"我问："那谁有权利？"他们答："政府。"其实，这是错误的，至少是不完整的。我问："那足协为什么可以对球员罚款呢？"对方语塞。

　　其实，西方物业管理者是可以罚款的，只是罚款的规则不是他制定的，而是业主大会制定的。他只不过是个执法者而已。这种法是我们说的私法（相对公法而言），是家规。

　　在中国，由于物业公司整天说"根据我们公司的规定，要如何如何"，制定规则的人则会诘问：我们没制定这样的规则，你凭什么制定？但今天，越来越多的人明白私法、家规的重要性了，也明白法律是不禁止这些规矩的（法律禁止私设刑堂）。

　　但立法要考虑执法的可操作性。您的"法律草案"中截止到"锁车"之前，都是可以操作的。但后面的"待停车人认识到自己的错误行为，保证今后不再乱停放车辆，并对由此行为造成的损失进行赔偿后，再予以放行"，就难操作，并可能给执法者寻租（欺负违法者或索要好处）提供便利，让法律变得黑暗和凶恶（恶法很多时候都是这么产生的）。

如果修改成"待停车人填完对停放时间、地点的书面确认函和保证书，保证不再发生类似情况时，应立即予以放行"是不是更好呢？至于赔偿，可以加一句："如果造成重大损失，应予以赔偿。"因为，不一定要赔偿完了才放人家走。这就会产生警察现场罚款，多少又不固定的问题。

至于赔偿的追索，应该是由物业服务企业以恢复绿地过程的资金投入凭证（发票）向其索偿，如果他不支付，可以放在该业主的账单中永远挂账，也可以通过诉讼途径解决。

此外，最重要的一点，就是应该给该业主一个申诉的渠道，即制约执法者腐败。"如果停车人对处理不服，可以向业主委员会申诉。"前面这段话在管理人处理事件时，应先向当事人朗读。

这样才是一个比较完整的法律体系。

118. 楼上邻居制造噪音该怎样解决？

有两个途径：1. 让更多的邻居同情您，并且给楼上的邻居施加压力，让他提高素质。但这需要很长的时间。2. 搬家走人。虽然有点儿"废话"，但对这种相邻权关系问题，全世界都没有好办法。最终是恶人没有了邻居，大家都离开他了。

即便是通过物业服务公司、居委会甚至派出所，目的其实也是要其自己改变生活方式。他不会因为害怕物业公司、居委会或派出所而改变生活方式。这些机构都没有什么好怕的。能做的只是提醒他注意邻里关系而已。

119. 共用暖气管线漏水向谁索赔?

责任的划分是以所有权的划分为根据的。也就是说,谁有所有权,谁就要为其所有的物给他人造成的损失承担补偿、赔偿责任。

除了可以有凭证的物权(比如汽车、房产)或占有状况清晰(比如电视机、家具等)比较容易界定权利边界外,像供暖、供电、供水管线的所有权界定非常模糊,且容易被社会轻视。

现在出现了一个现象,大家都来争权利(所有权)了,但又都想推卸责任,这是完全不可能的事情。谁有权利,谁就自然承担责任。在这种状况下,通过契约约定这里管线的所有权和维系养护义务以及承担的相应责任是很有必要的。

也可以通过确认谁在维护管线、谁在靠这个管线获得商业经营利益来反推责任人。

总之,情况是非常复杂且无法归于一种的。

从一般供暖系统看,热力集团供暖的,供应到户内散热器。居民无权自己更换散热器。因此,水管漏水,热力集团是责任人。当然,如果热力集团委托某供暖企业,也可以先追究该企业的责任。

通过燃气、电、热力集团购买的蒸汽等一次能源，由小区自供暖的，情况比较复杂。如果暖气片不是业主的，那么整个供暖系统都是全体业主所有，责任由全体业主承担。但是，由于全体业主委托了物业服务企业，则物业服务企业应该承担责任。但物业服务企业可以依照合同主张是否免责或获得赔偿这些资金。其实，现代物业管理活动中，业主们一般都是委托物业服务企业通过购买商业保险（公共责任险）来实现商业责任的转移。当然，责任还是那个责任人的，只是通过投保来规避风险罢了。

很多小区都允许业主自己拆改散热器，问题就复杂了。有管理经验的物业管理者——物业服务企业，一般会为了规避委托人——业主大会即全体业主的责任，与每个业主签署书面合同，确定到底从哪儿（一般是从散热器接口且包括该接口）区分责任。当然，靠《管理规约》这样的文件是否能够确定这种责任分界，还没有法院判决案例，我个人认为是可以的。

分户供暖的情况更需要靠书面协议明确权利、责任划分。可以从计量器具（说明计量器具所有权）那里划分。

总之，只有制度上安排好，才能在冲突和纠纷产生的时候解决好问题。

120. 物业公司安排保安等住在我们楼栋 地下二层的储藏间合法吗？

按照我们国家的法规和规章，地下室是不能作为住宅使用的，但这并不是说不能住人。因此，利用地下、半地下的建筑物开设的酒店和临时休息室，只要符合产权人的意志（或产权人不明确提出反对）且办理必须办理的行政手续，那么就是可以的。

物业服务企业安排职工宿舍的情况，在国内相当普遍。只要业主大会（业主委员会）不反对，物业服务企业作为小区的受托管理人，是可以这样使用的。

但是，即便是符合广大业主利益的活动，也不能以侵害少数业主利益为代价。这是和谐社会或现代民主社会的基本理念。受侵害的业主应该主动主张自己的权利，靠消极不尽义务（不交物业费）来抗辩的办法肯定不会受到法律的保护。

也就是说，通过各种方式让保安宿舍搬到其他没有人有意见的地方，或者让受益人（全体业主）通过物业服务企业给你们一些补偿，都是解决这个问题的思路。

如果有业主组织（业主委员会），受到这个宿舍影响的业主们就去业主委员会投诉，要求业主委员会解决。也可以大家共同聘请一个律师（节省成本），通过诉讼让物业服务企业把宿舍搬走或者给予你们适当的补偿。

121. 小区入住率不高，业主对社区事务的参与度不高，难以实现过半数投票，也很难以形成决议，这种情况下该怎么办？

为了成立业主组织而成立业主组织显然没有必要。只有当足够多的人认识到成立业主组织的必要性和迫切性了，业主组织才可能成立。我们现在要做的就是想尽一切办法告诉业主们这些。用一句老话说就是"宣传群众、发动群众、组织群众"。再说，面对不同的问题，解决的方法也不一样。业主组织也不是万能的，很多事情是无能为力的。对开发商的侵权行为，哪些业主被侵权，哪些业主就可以组织（集团）诉讼等维权行动，没有业主大会等组织形式一点儿都不影响。

当然，我还是觉得有业主组织比没有好。但，业主组织是业主们的组织，不是几个觉醒者和先知先觉者的组织。把业主委员会当成代替全体业主做主的组织是违反法律的，也就是说，几个人的业主委员会不能代替业主共同决定。因此，根本上来说，业主组织是业主大会，业主委员会只是这个组织的一个常设机构。

122. 小区的物业把物业用房租给一个幼儿园，但该幼儿园没有资质，又很吵，我们找了很多部门，但还是没有结果，怎么办？

　　如果反对的业主足够多，就能解决问题；如果不是非常多，但有足够的资金聘请专业律师发起诉讼等法律活动，也能解决问题。

123. 卫生间排水的设计、施工质量差，开发商死咬符合国家最低标准，拒绝整改，怎么办？

这个情况，房屋这个产品从实体上是给房屋买受人造成了损失（需要律师协助举证和计算损失的金额），这种损失的产生可能是因为生产者违反国家标准，也可能是虽然未违反国家标准但事实上（这是本案例的关键）给买受人造成了和可以预知还要继续造成损失。这些产品瑕疵的后果，无论产品生产有没有标准，是不是违反了标准，都应该由产品生产者、销售者承担相应的责任。

这就类似一个按照国家标准生产的汽车，因其自身的问题（虽然设计符合标准，但实际上仍然有瑕疵）而导致消费者受伤，生产者仍然要承担相应的责任。

但具体怎么运用法律条文，怎么设计诉讼方法，怎么取证，需要专业人士协助。我不建议自己弄，而是聘请律师来做比较好。

124. 会所明明在小区内，为什么产权是开发商的？

从道理上，谁有产权证，谁就是业主，无论他的出身贵贱贫富，也不管他是不是盖房子的那个人——开发商。这个时候，开发商就是今天咱们区域内的一个普通业主，也要交物业管理费，也有他那房屋（可能是会所）的所有权，也有业主大会的选举权和被选举权。

问题是会所到底是不是社区配套建筑，如果是，到底能否给某个（法）人颁发产权证？我觉得根本就不能。否则，产权人凭什么不能自己决定该房屋（如会所）的使用用途呢？

会所如果是公共配套，就是属于全体业主的共有财产或者属于（由政府管理的）国有资产。怎么能属于某一个（法）人呢？

所以，业主委员会应该（通过建筑规划）查询、确认会所的用途，建议业主委员会通过律师把会所的产权弄清楚。

退一步说，如果您觉得上述方式太麻烦，也可以通过与开发商谈判直至诉讼的办法让开发商履行之前的承诺。不过，一般情况下这都不能奏效，开发商很容易说"我又没说让你们免费，你们现在可以进去用啊"这样的混话。

会所是个非常棘手的问题。没有点精力和财力，是很难弄明白的。

125. 开发商把地下人防工程改成了停车场，我们该怎么办？

1. 持有所有权证的（法）人，就是依法获得该证所标注的财产的所有权人。尽管其房产证获得过程中有涉嫌违法、违规的，只要对方没有自己纠正或者没有法院判决，那么其所有权就是受法律保护的；2. 官商勾结涉嫌将国有资产私有化，或将共有财产专有化，都是这个时代常见的事情。这就需要共有财产的所有权人或者公民有所作为：a. 无论是涉嫌国有资产的非法私有化还是涉嫌共有财产的违法专有化，单个公民、业主都可以向政府直至人大（代表）举报。对答复还可以通过行政诉讼的办法深入；b. 前者是建立在政府行政和立法（人大）体制完善的基础之上的法治途径。但当今往往不奏效。这就需要少数业主尽快建立《物权法》中的"业主共同决定"机制，即业主大会和业主委员会。通过业主组织，向法院提出撤销地下车库房产证的主张。这是比较有效的途径。但是，需要成立业主组织；需要这个组织有一定的预算来源；需要有专业人士（律师）的协助。

126. 没有停在车位上，车轮在小区被盗，物业是否应该负责？

查看小区物业管理合同，至少在政府（小区办）那里可以查阅到合同的备案版本。把合同找来，根据合同中对物业服务企业的约定义务来考量其在此事中应该承担的相应责任。但无论如何不会全赔的。

127. 开发商是否应该向业主收取临时电的费用？按正式电的价格收取临时电的费用是否合法？

据我了解，正规的售电部门是电力公司，除此之外没有任何人可以卖电。临时电是建筑施工用电，并不是居民用电。销售、转售这种电力，都是违反行政规定的行为。

128. 开发商和物业有没有权利克扣
业主的电卡?

电表的安装本身是不是符合规定都需要向业主公示,建筑物内的所有财产(包括输电线路)都是业主的财产,在这个财产上增加什么设施设备应该与业主协商。开发商或者物业管理企业"在我们的门上加了他们家的锁之后不给我们钥匙"这样的行为是没有合同依据和法律依据的。

129. 开发商收取临时电费，却给盖有物业章的服务业发票，是否合法？

收费本身就没有依据，开什么发票也不能证明收费行为合法，仅仅证明了对方实施了这个收费行为。

130. 用作洗浴中心的小区会所是否应为公摊面积，归全体业主所有？

　　会所建筑物归谁所有，看会所的房产证即可。如果会所没有房产证，那就归全体业主所有。

　　会所的所有权人（具体的个人、开发商或者全体业主）把它用作洗浴中心，给部分业主的生活造成了噪音困扰，这是另外一个法律关系的问题，可以单独解决，也可以向其主张赔偿或者清除妨害等。

　　当然，如果受到影响的人很多，可以借此机会把会所的产权搞清楚。

　　无论如何，这些都需要业主中有相当多的人关注公共利益。否则，一两个人做这个事情，要么被恐吓，要么就被用金钱封口。

131. 小区物业服务公司提供的服务极差，却赖着不走，怎么办？

唯一的办法：业主共同决定。业主共同表决，可以表现为理性的罢免决定，也可以表现为非理性的运动，更容易表现为分散但沉默的抗争：拒交物业管理费。

采用沉默的"抗费"办法不会与物业管理公司发生正面冲突，但这是以自己房产由于管理、维护的缺失而贬值作为代价的维权行动，搞不好，物业管理公司仅凭小区内的公共区域收益就足以生活下去而永远不离开！

因此，根本的办法是业主们共同理性决定：解聘该企业。如果它不走，避免冲突的办法就是把这个决定告诉法院，让法院来强制执行。

物业管理是业主们的物业管理。搞得好不好，完全取决于业主们是否有共同体意识。靠一两个关注公共利益的业主是不管用的，要靠一大批业主积极参与。没有这种参与，结果就是寄生在业主房产身上的物业管理企业永远安逸下去。

132. 物业合同无效，但物业公司赖着不走，业主应该怎么办？

一个不请自来（或因其他原因事实存在）的物业管理企业，只要业主大会未进行表决通过命令（通知）其撤离的决议，作为业主大会成员的单个业主就必须支付相应的费用由法院判决。这在法理上是通的，也有具体法律依据。

现在的问题是，业主们既然不喜欢它，它怎么进来的？为什么业主们不召开业主大会通知其撤离？我们不决议改变现状，就是认可现状，即便现状（产生的程序或者结果）不合法。

还有一个办法，也需要业主大会授权业主委员会来进行，即业主委员会可根据事实主张现物业管理企业进入本区域违反法定程序（比如未经过法定程序），要求其撤离。法院一般会按业主委员会胜诉处理。至于判决现物业管理企业离开以后物业管理缺失的后果，法院不管。

说到底，物业管理企业和业主之间是实体对实体的关系，不是实体对个人的关系。单个业主对物业管理企业的抗辩，在目前的法律环境下，不设计专门的合同是无法实现的。

133. 小区地面不允许停车，地下停车场只有天价买车位才能停，怎么办？

这种情况明显是开发商、物业管理公司联手，涉嫌销售属于全体业主的地下车库（除非他们能办理车库的《房屋所有权证》）或至少物业管理企业涉嫌协助开发商销售工作（他们忘记他们拿谁的钱）。但是，他们的这些涉嫌侵权行为，所侵害的对象是全体业主，而不是某一个人。目前（2007年）我们国家的法律，并不允许（业主共有财产的）共有人对共有财产的侵权行为提起诉讼。

因此，请您考虑：维权会花很多时间（总长以年计，每日以小时计）和金钱（以万计），但应该可以成功；另外，花点儿时间向业主们宣传大家财产被别人侵权的事实，等待大家觉醒。这个等待，时间可能也得以年计。别人都不维权，咱也别折腾，这是很多中国人的选择。您是不是也选择这个？最后，惹不起还躲不起？卖了房子走人，不惹这个气。

基本上就这些选择。

134. 小区人防地下室用于经营旅馆，还当作餐馆的员工宿舍，怎么办？

人防工程的使用有两个先决条件，1.使用权人的自愿；2.符合政府的管理规章要求。现在建筑区划（物业管理区域，或我们俗称的"小区"）内的人防工程出现的问题，大多是有政府行政许可的。问题是政府并不核对谁是真正的使用权人，甚至一些人还认为开发商、物业管理公司是合法的人防工程使用人。这样，就使得全体业主（业主大会）这个真正的人防工程合法使用人既不知情，更获得不了利益。

所以，1.您所在的建筑区划内是否成立了业主大会且选举了业主委员会？或你们那里的业主是否对人防工程的使用权等方面依法进行了集体表决？如果没有，那从法律上就被理解为业主们"不在乎人防工程的使用权"。2.您可以尝试了解或举报目前人防工程的使用现状，如果使用人未办理《人防工程使用许可证》，则任何行为都是违反政府规章的。政府应该制止这种行为并处罚行为人。

所以，由于单个业主对共有利益只持有份额而不占有全部，故共有利益的维护目前还只能靠足够多的共有人的参与。单个或少数人的维权行为很难成功。

135. 物业要在小区外面一圈楼的外立面墙做广告，这部分墙体属于所有业主吗？

单个业主所拥有的专有部分，是其房产证上所标明的产权面积及该面积上的居住空间。除此之外且在本物业管理区域的土地"四至"内的其余部分，除了国有财产之外的一切财产，都是全体业主（按份或共同）共有。因此，楼宇外立面是属于全体业主共有的。

136. 小区的物业公司把会所办公用房租给了别的公司做办公室，自己搬到会所的门厅办公，这合法吗？

所有权决定一切。首先，要看会所建筑物的所有权是谁的。如果是全体业主的，出租需要有业主大会的授权，收益应该归全体业主所有。但如果会所建筑物另有所有权人，那么物业管理企业是不是有权利代理该业主出租房屋（会所）就要看合同约定了。如果合同中没有约定物业管理企业有这个合同义务，那么这种行为涉嫌滥用业主物业管理费（毕竟这些活动需要人力成本）。当然，如果合同中有这个合同义务，那么其他业主的房屋物业管理企业也应该协助出租。

物业管理企业办公一定是有物业管理用房的，无须装扮得那么省。业主们要质疑的是：物业管理用房去哪儿了？！

137. 遇到小区业主把住宅租给公司进行 经营活动扰民问题怎么办?

这个问题分几个不同的层面和角度来看。

1. 如果政府依法行政，那些制造、洗浴、餐饮、网吧、娱乐等类型的商业企业根本无法在这些住宅中获得营业执照。无执照经营的，工商管理局就有权力依法取缔。

2. 有些在房间内的活动，的确无法判别它是不是办公。只要不发出噪音，不发生不合理的人员流动和货物流动，政府一般也无法判断。这就取决于《业主公约》(或称《管理规约》)的作用了。

《物权法》出台前，法院一般不把《业主公约》看作具有法律效力的文件。因此，那些违反《业主公约》的行为，往往法院不能依照《业主公约》中的约定支持权利主张者。随着《物权法》出台，《业主公约》将被法院引用为判案的依据。这才从根本上保护了业主们的共同利益。

法院依《业主公约》判案，自然就增强了这个文件的威信，物业管理企业依该文件履行的管理行为，也不会动不动就遭到业主(邻居)的抵抗。因为抵抗者知道，到法院他也是输官司! 这也是目前管理不到位的根本原因。很多物业管理企业原本是敢管的，但是受到很大的阻力，邻居也躲起来，被管理者从此拒交物业管理费，更有发生肢体冲突的情况。

综上，相邻权的问题是需要政府、法律这种外部力量的依法行政和依法判决的。没有这种外部压力，内部的管理活动就缺少动力和信心。管理挨骂还添麻烦，不管理倒霉的又不是管理者，这样就使得物业管理企业不再有管理的激情和动力。再加上业主们普遍认为物业管理应该是服务而不是管理，使得物业管理活动中的物业服务企业员工不再愿意做管理活动，而只愿意做服务活动。毕竟管理得罪人哪。

说到底，中国处在转型期，业主们的权益要自己去争取，指望别人替我们争取或者法律主动来协助我们，是非常不现实的。最好的目标就是：只要我们主张权利了，法律就会高效率地、公正地来维护我们的权益。久而久之，中国的法治社会就会建设成。

138. 小区划分停车位和制定停车收费标准是谁的事？

属于全体业主的共同资源，其分配办法当然可以由业主委员会决定，也可以由业主大会决定。但是，在业主委员会刚刚诞生还没有足够的权威和公信力的时候，一切权力还是归业主大会比较好，而且也利于业主委员会不成为矛盾焦点。至于收费标准，业主们共有的资源在内部分配机制中的收费标准，当然由业主们共同决定了！自主治理，就是自己的土地、财产，自己做主！

政府只关注业主组织活动是否公平和是否违法。一般的不公平现象，行政机构无权干涉，而要被侵权的业主自己救济——要么设法组织召开业主大会会议否决生效的决定，要么请求人民法院撤销业主大会、业主委员会生效的决定。

附录 1：更换物业管理公司应慎之又慎，知己知彼以免投鼠忌器

——反思 ×× 家园业主因更换物业管理公司而产生的困扰

随着业主大会以及物业管理委员会（俗称业主委员会，以下简称为"管委会"）在商品房小区中的产生，物业的权利已经逐步从开发商那里回归到其真正的主人——业主的手中。自然，物业管理公司的新旧更替也就不是不可能的事了。有数据显示，2002 年北京市更换物业公司的小区大约有 40 家，顺利交接的有 28 家，有近 30% 的小区新旧物业交接不顺。

从理论上看，物业的权利人绝对是全体业主。也就是说，某物业管理小区内的全体业主，有对这个物业公共区域进行必要的处分和管理的合法权利。这个权利将由业主大会决议授予管委会来行使。为什么有了权利却仍然不能顺利地行使呢？这就充分说明了"掌握了权利"和"是否有能力来驾驭、行使这个权利"完全是两码事。说穿了，业主们的权利是因购买了房产而得来的，而不是通过商业竞争或者其他能力比拼得来的。我们不是能人，不是专家，这一点我们必须有足够清醒的认识。

特别是对更换物业管理公司这样大的民事举动，牵扯到几亿乃至几十亿资产的管理问题，牵扯到几百万乃至上千万的管理合

同问题，牵扯到几百户乃至上千户业主利益的问题，作为管委会委员的几个普通业主，要想顺利地操控全部程序，使之能够顺利地启动直至结束，真的不是件容易的事情。搞得不好，将给物业管理小区带来长久的伤害，甚至被千夫所指。

为了探讨和研究更换物业公司过程中的各种问题，本人研究了一些案例，并因一起物业管理公司的更换产生的麻烦而觉得有必要就这个问题进行宣传和引导，使物业管理的各方均冷静地面对这个既是经济问题、更是社会问题的大事情。

更换物业管理公司，首先应该确保其程序合法。即更换行为的执行人是管委会，管委会的行为依据必须是业主大会的决议，整个更换程序必须符合有关的法律法规和政府的指导性文件精神，即采用公开招标的方式，在政府有关部门的指导和监督下完成。在这些方面，××家园的做法没有什么不妥。

但是，满足上述条件是否就会一帆风顺呢？ ××家园更换物业管理公司的事实，说明那些是远远不够的。以下便是对不同小区多次了解情况后总结的一些经验。

首先，管委会应该非常理性地评估更换物业管理公司的必要性，从而向业主大会提出该议题进行表决。如果因为管委会评估失误导致对业主大会的误导，进而通过并启动了更换物业管理公司的程序，将像随意降低物业管理费一样，对小区的前途是非常不利的。这一点，我认为××家园的管委会做的是合适的，但是他们的问题发生在以下几个方面。

如果管委会决定向业主大会提出更换物业管理公司的动议，则应该提前做好实质性的更换准备，一旦业主大会通过决议才发现无法更换物业管理公司的障碍，就很难解决了。其中包括法律、合同、程序、财务、资产和危机发生的应急准备。

法律准备：掌握有关法律法规和政府指导性文件的要求，根据自己所在小区的实际情况，检查在更换物业管理公司的过程中可能发生的和法律法规相违背的地方，提前纠正和排除。尽量避免在更换过程中节外生枝，落到难堪的境地。

合同准备：更换工作应该符合当前执行的物业管理委托合同中所约定的解除合同的条件，否则将必然引起纠纷。特别是应该尽量与原物业管理公司就合同到期与有可能的新物业管理公司的交接事宜，达成有法律效力的、对双方均有约束力的、有违约赔偿责任的协议，以便于更换交接工作的顺利进行。

程序准备：这主要是要在时间安排上留有足够的操作空间，以免仓促进行而失去最佳选择。同时也要注意更换过程的程序，必须符合公开、公平、公正的原则以及相应的法规和政府指导文件的要求。原物业管理公司因认为更换程序不合法而不交出管理权的案例很多。

××家园物业管理更换过程中，上述几点做得都比较完善。可惜在下面这些重要问题上过于轻率和仓促。

财务准备：在更换物业管理公司前，必须对原物业管理公司的账目有十分准确的了解和进行必要的审计。新旧物业管理公司在交接过程中，钱和账目的交接是最烦琐和困难的。只有对目前财政状况十分了解并且有足够准备的情况下，才可能使交接工作顺利完成。对实行"酬金制"和"包干制"等不同财务核算制度的物业管理公司的交接工作，财务的交接也是完全不同的。

资产准备：说句俗话，就是必须清楚业主到底要把什么东西委托给新的物业公司，而这几乎是被所有管委会忽视的。有的小区表面上是顺利交接了，而实际上原物业公司的离去同时也带走了很多本应该属于小区业主所有的权益，因为这些权益从来就不为小区业主所知。所以，要把自己的家底弄清楚，是更换物业管理公司最重要的项目之一。必须由管委会代表业主大会从原物业管理公司中接过他们手中的一切权益，包括但不限于：本小区中实际应交付物业管理费的面积，以及该面积的位置和产权人清册；从开发商那里接过来管理的共用建筑物；其他建筑物中的公共区域；公共设备和设施；公共停车场；道路、围墙等一切公共权益。就是说，原来的物业公司在小区内没有任何资产，它走的时候也不能带走任何资产和资产权益。不但如此，还应该按照小区的规划，委托新物业管理公司继续履行从开发商那里交接公共物业和其他财物的工作。

恰恰是以上两条包含的清产核资工作，是管委会最容易忽略的，因为做好它对管委会那几个"热心公益事业"的业主来说，实在是太困难了。这就给我们提出了一个问题，清产核资是保护全体业主的利益，而普通业主根本没有足够的知识和能力完成此项工作，如果业主大会认为有必要，应该拨出预算，由专门的第三方协助，根据政府批准建设规划来认真完成。并且，第三方应承担相应的职业过失责任。

最后，就是根据不同的物业小区，各自必须考虑的危机应急准备了。总结有可能发生的危机，大概有以下几类。

一、物业公司自己的产业。这种情况大都发生在物业公司是开发商的直属企业时。开发商将部分可销售物业作为投资或者其他形式，转移到原物业公司名下。其实这本身是不合理的，此时的原物业公司就是小区的业主之一。由业主自己来管理包含自己产业的公共产业，本身就会有利益冲突的问题。更换这样的物业公司，也是必要的。但是在更换后，该物业公司将以业主的身份继续留在小区中。这会造成一定的问题，必须认真考虑对待。

二、开发商的产业。一般的开发商为了销售楼盘，都将物业管理费率定得尽可能低，以低廉的使用成本来吸引买家，其实是用部分自有物业的收入补贴原物业公司的亏空。在这种情况下，原物业公司的账目肯定是亏损的，永远是欠开发商的钱。这必须事先搞清楚，否则很有可能在原物业公司撤离时，将此笔亏空记在业主们的头上。另外，新物业公司进入以后，属于开发商的这部分产业的利益，开发商将不会再白白送给业主们自己选择的物业管理公司。这也是必须想到的。

三、开发商或者物业公司号称其拥有产权的公共产业。因为业主除了完全控制自己房屋的套内面积外，其余所有产业几乎都控制在原物业公司或者开发商手中。他们便常常以此对他们手上控制的产业号称拥有产权。这种问题解决起来似乎不难，因为他们没有产权证，即无法证明其拥有产权。可实际上让他们交出实际的占有权和管理权就像我们把被偷去的东西往回要一样难。

四、原物业管理合同中所订立的对原物业公司的不平等条件。这实际上也是开发商对业主的不平等条件。经常见到的就是开发商对其未销售出去的房屋不交或者少交物业管理费等。这些都是因为开发商占据了物业管理市场的发包权，物业公司曾经求着开发商给他们这个工作。虽然合同约定非常不公平，可他们却把这些不公平分若干年转嫁到业主的头上，进而获得长久的利益。所以，这些也是业主必须注意和认真研究的。

五、小区内不同产权状态混合。由于房改、回迁等问题，导致一些小区内的房屋产权有多种形态，有商品房、回迁房等，俗称"一区两制"（或者多制）。虽然所有业主和使用人享受相同的物业管理和服务，却支付着相差甚远的物业管理费。这些问题也是要在更换物业管理公司前考察清楚且有完善的解决方案的。

六、此外，政府的产业，未建成物业，与本小区共用的生活资源供应系统的管理，以及其他与物业管理相关的问题，都是更换物业管理公司时必须注意和妥善解决的。更换物业管理公司，搞不好就可能是敲锣打鼓地欢迎了一个新的败家子，它给小区带来的伤害，绝对不是一两年内能够看出来的。一旦问题显现出来，承担经济风险的却往往是业主。这里借用一个物业公司总经理的话来提醒大家："两年以后什么东西都开始坏了，需要维修了。那个时候，就是业主跪我面前求我留下来干，我都不干了。"

买的不如卖的精，何况我们这些业主选举的管委会无非也就是由几个热心为大家服务的普通业主所组成的，其专业水平和工作能力远远不及专业公司和给他们提供服务的律师。在这个商业博弈中，我们处于劣势，受骗是绝对的，监督只是相对的。不承认这点或者没有心理准备是不现实的。

再比如降低物业管理费，物业公司照样能生存，照样能赚钱，为什么？还不就是因为他们比过去更少干工作，更少干那些我们眼睛看不见的、而维护大厦正常运转所必需的工作（比如水、电、暖、通风、燃气等设施的维护保养）。

目前中国物业管理企业的水平就这么高，不到万不得已的时候不要随意更换物业公司，要尽量采用改良、修正的办法和更换经理的办法来让他们改进工作，要尽量采用理性的办法来解决物业管理纠纷；也不要随意降低物业管理费率，而要把精力和财力更多地投入到监督物业管理活动中去，从而使我们的物业能持久、完善地为我们提供生活所必需的功能。

特别是管委会的委员们，我们的知识和能力真的很难驾驭一个几亿乃至几十亿资产的小区中几百户乃至几千户业主的长远利益。为了小区的长远利益，我们做事必须认真、认真再认真，谨慎、谨慎再谨慎。

附录 2：业主大会选聘物业管理企业的方法以及决议采用招投标方式选聘物业管理企业具体方法的探讨

关于用招投标方式选聘物业管理公司是否在招投标之后仍然需要召开业主大会获得超过 2/3 以上投票权同意，一直是很多人困惑的问题。因此，我觉得有必要对业主、业主大会如何选聘一个物业管理企业的法律问题和方法问题，发表一些看法。

选择一个物业管理企业，好比挑选一个既长相漂亮又愿意以恰当的标准孝敬公婆、相夫教子的妻子一样，是非常困难的。而从市场上众多的物业管理企业中，挑选出一个既有良好的企业资质、足够多的注册资金、优秀的企业文化、绝佳的商业业绩，又愿意用书面形式（合同）向全体业主承诺在满足适当（物业管理费、物业管理用房等）条件下，愿意为业主所属的财产和建筑物使用人生活等方面提供足够的服务和管理的物业管理企业，比选择一个妻子要复杂百倍。因为这种选择的一方不是一个人，也不是家长决策，而是所有业主共同表决。被选择的一方，其数量之大，差别之大，更使得选择者无从下手。市场上被选择者数量的众多和选择者内部有权利决策者众多，是市场经济和物业管理活动给中国的业主们提出的一个新课题。

《物业管理条例》规定，"业主大会的决定对物业管理区域内的全体业主具有约束力"，"选聘和解聘物业管理企业……必须经物业管理区域内全体业主所持投票权 2/3 以上通过"。这些均是我们讨论业主通过业主大会会议决议的形式，决定自己选聘物业管理企业意愿的法律依据和前提。

依这些宽泛的法律规定选聘物业管理企业，其实具体方法很多，比如：

1.简单说，把全部愿意来工作的物业管理企业的书面承诺和要求（即合同中服务条款和对应的价格等）逐一提交给业主大会会议表决，哪家获得 2/3 以上的选票，哪家就是"业主大会选聘的"物业管理企业，然后业委会与其签订以该企业书面承诺和要求为主要内容的"物业管理服务合同"（我们姑且用这个合同名称，其实合同名称和性质本身现在仍然有争议）。

召开一次业主大会会议，要耗费相当大的时间和人力等资源成本。谁也无法预知需要几次表决才能有某一个超过 2/3 投票权通过的企业被选中；书面表决方式，与单个业主的参与热情有关，从人性本身的角度看，群体对一个事务的热情，是随时间的推移而递减的。而从人性喜欢观望的角度看，第一名未必是最佳位置，因此，提交表决的前后顺序实际上有利益差别，而导致提交业主大会会议表决的先后顺序，又成了一个问题。所以，采用将多个应聘物业管理企业逐一提交业主大会表决这种方式，既耗费大量的资源，也难以形成较一致的共识，还给业委会（会议组织者）提供了寻租的空间。即便有些业主委员会利用业主代表（大会）组织，或利用临时产生的听证组织，作为决定顺序的第三方机构，也仅仅是逃避了业委会决策被指责的麻烦而已，并不能成为可以在大部分物业管理区域内复制使用的方法。

2.按上述过程原则，为解决多次业主大会会议的表决困难，将所有合格的候选企业一次性提交业主大会会议表决，似乎是一个解决方案。但从表决理论和技术上讲，如果有 M 个投票权，有 N 个选择，理论上每个选择获得的"同意"数量为 M/（N+2）。其中的 2 是投出反对票和不参加投票（弃权票）的隐含存在的选择，而不参加投票的数量，本身又是取决于人的公共活动的参与程度，结果就可想而知，即 N>1 以后，某个选择被超过 2/3 的可能性就小到几乎没有可能。所以，这种方法除了理论上无法产生结果之外，还给业委会（会议组织者）在选择"合格"企业时提供了寻租的机会。当然，也可以采用非业委会的业主组成"外人"团队来决策。但这解决不了表决必将流产的根本问题。

3.说到底，选择一个物业管理企业的本质，除了那个企业的名称、历史、注册资金等因素外，最重要的是选择一个同意业主方开出的条件的企业。因此，业委会像起草《业主公约》等业主大会决议草案一样，起草一个《某某小区物业管理服务合同》（草案），然后提交业主大会表决，表决通过以后成为本物业管理区域对外招聘的聘书。该合同的起草，可以聘请专业的法律工作者协助，以求得对业主利益的最大保护。如果该文本提交业主大会表决获得超过 2/3 投票权的业主的同意，那就作为一个"守株待兔"的合同，任何一个物业管理企业想来应聘，只要书面承诺完整地接受该合同条款的全部内容即可。

尽管人们总是说找对象挑的不是人而是人品，但仍然对人的长相、个头、身材、家庭出身等方面有实际的内心选择。故上述方法实际上是忽略了人们对一个企业外部特征的选择。这种方法虽然理性，但很难被人们在选择物业管理企业时接受。也就是说，光看其承诺怎么能和他"结婚"呢！这就是习惯的作用。但是在市场经济活动中，企业的"长相"其实并不那么重要，看看众多经营钻石、珠宝的企业，都是家族经营的，都是现金交易的。注册资金已经不是表现其承担风险的能力，信用、信誉才是其生存的根本。因此，重要的是有一定的注册资本、满足政府规定的资质、愿意书面签约承诺能为业主财产的保护出力的企业，法律会规范它曾经的承诺，即合同的条款。

即便如此理性，也同样存在如果有多家企业竞相表明同意该合同的全部条款的情况。这样问题就复杂了。首先是选择合格企业入围的问题，其次是排序问题，更麻烦的是业主大会会议到底以什么样的比例同意某企业成为被业主大会选聘的企业的问题。如果说"要紧的是合同内容"，已经有合同了，对方也书面承诺了，"双过半"或者过半就行了吧？可是，这又违反了《条例》中有关规定的字面内容，即"选聘和解聘物业管理企业……必须经物业管理区域内全体业主所持投票权 2/3 以上通过"。在民众普遍存在分歧的情况下，业委会或者任何非法院的组织都不能对《条例》进行任何的解释。在这种情况下，如果某个业主把业主委员会的签约行为诉到法院，法院会做何种判决呢？

所以，先把合同弄好，等着别人来上钩的办法仅仅适用于只来一个企业应聘的情况。而谁又能确认真的是只来一个而不是业委会（组织者）把别人都排挤在外了呢？但是，这种方式是否可以用在与现有物业管理企业续约的情况，是值得读者考虑的。

4.再让我们来看看招投标（包括投标和议标）的过程吧。前述第1、2种方法虽然适用于众多权利人同意从众多的可选择对象中寻找最优者，但程序上几乎无法实现；而第3种方法又遇到如何在"好中选优"的困惑。因此，招投标方式是解决"好中选优"的最佳方法之一。

一个规则的建立，如果程序上和实体上均保障了绝大多数业主亲自参与，通过这种高比例的参与后建立的规则，实现了群体的意志，则利于规则中各项条款的履行，相比少数人替多数人确定义务、责任的规则文本，更容易被群体接受，而减少或防止在制度文本执行过程中的质疑甚至拒绝履行行为。人都只相信自己，而人群，就不得不依赖"相信权威"或者"相信公共参与的制度和程序"的理念，以实现群体中的众多意志最终得以形成一个唯一结果的目的。招投标其实就是利用了人们这种思维模式，人们把自己的权利授予（实际上是指望）一个他们认为有政府权威监控、有法律保障的公平的招投标制度。在符合这些特征的制度下产生的结果，一般也会得到人们广泛的尊重。

招投标实际上是利用了人们对招投标这种通用的、有法律条文保护和约束的程序的"权威性"敬畏。但由于当今中国业主普遍对权威漠视，再加上物业管理招投标的专家绝大多数为物业管理企业经理，更加重了业主们对这种制度和参与专家的权威性的质疑。这也就是物业管理招投标时往往发生部分业主强烈抵抗和业主不愿意使用的重要原因。一次招投标，标书、标底的产生和通过，决定了此次招投标工作的结果，也是招投标一切环节所围绕的最基础的文件。如果由业主（通过业主大会）参与对标底的讨论、决议，即增加业主群体在招投标过程中的参与程度，是解决上述问题的有效途径。

其实，招投标工作的标书、标底文件的产生，本身就是业主大会的权利，也就是本文第 3 条讨论的内容。选择一个"好姑娘"的标准，要由业主大会决定！而招投标活动实际上仅仅是把从众多符合"好姑娘"标准的姑娘们中间选择一个"漂亮的姑娘"的活动，交给制度了，毕竟众口难调。民主、投票的办法产生不了，只有让制度操控下的有经验的（由媒婆们组成的）专家团决定了。

业主委员会在向业主大会提交的选聘物业管理企业的业主大会议案中，大多以"同意由业委会组织招投标选聘物业管理企业"或"同意由业委会选择专业招投标机构组织招投标选聘物业管理企业"为其主要的议案内容。这实际上就把标书、标底的决策权通过业主大会授予业委会或者业委会聘请的专业招投标机构了。这种"不让业主们麻烦"的好意，往往使得业主对标书、标底的最终确定产生非常严重的质疑，进而对招投标的结果产生严重的质疑言论和反抗心理，尽管招投标过程可能没有任何瑕疵。这种合法的结果却很容易导致业主们认为不合理，进而造成业主群体内外的不和谐。因此，综合办法 3 和 4，本人提出如下方式：

1. 由业委会牵头，用包括聘请专家、律师团队的方式，根据物业状况及业主、居民的需求，确立本物业管理区域的物业管理模式、管理服务项目、标准等除物业管理服务费率（或者设定最高费率）在内的物业管理服务合同全部内容，撰写成本物业管理区域的《物业管理服务合同》（草案）。

2.将此《物业管理服务合同》（草案）提交业主大会会议表决。同时提交表决的还应有"同意由业委会（选择专业招投标机构）组织招投标选聘物业管理企业，并以投标费率（在设定的最高费率内）自低向高排列中标人次序；如果有相同中标费率的，以增加承诺服务项目品种、标准（或资质高低等条件）由专家组决定次序"。这样，业主们实际上真正参与了物业管理需求、服务项目、标准的确定和表决，仅仅把费率交给市场通过招投标解决。而当费率完全相同的时候，才把决定顺序的权利交给专家组那几个成员。极大地保障业主的参与，是保障合同被业主普遍接受、执行的前提。

3.如果业主大会会议决议有超过 2/3 的业主投票同意（符合《物业管理条例》规定的条件），业委会则作为执行机构，以《物业管理服务合同》为招投标的标底、标书，按照有关程序进行招投标工作。

当然，类似地，也可以仅仅设计业主们（通过业主大会会议决议）认可的费率标准，和基本管理服务需求和标准。通过招投标程序，从承诺增加管理服务项目多少、标准高低、资质高低等其他条件的企业中，由专家组成员综合决定中标次序的排列。总之，由于当前市场的现状，由于社会对市场诚信水平的不认可、对政府监管的不信任，在这种情况下把一切交给招投标过程，尽管省事，尽管过程"少麻烦"，但肯定不是当前选择物业管理企业的最佳途径，结果会非常不省事，会非常"多麻烦"。尽可能实现极大限度的由业主（通过业主大会会议决议）自己决定物业管理事项，才能实现在物业管理企业选择过程之中和之后的和谐、稳定。

附录 3：业主大会采用招投标的方式选聘
物业服务企业的制度设计的思考

业主大会这个业主群体组织，是应 2003 年实施的《物业管理条例》（以下简称"《条例》"）而产生的[①]，其规范业主组织及其活动的制度设计，近十年来一直影响着中国业主共同财产的管理和共同财产组织的运行。其中积极、促进的方面是毋庸置疑的，甚至是伟大的。但其中一些因历史局限性导致的理念失误和由行政主导的习惯而产生的政府指导，事实上成为对业主组织活动的误导。建管分离的"前期物业管理"就是一个典型。在人们成为小区业主群体的一员后，只有交费的义务而无行使对应权利即表决权的制度，事实上导致了业主群体的不稳定。这种状态，已经被《北京市物业管理办法》的智慧结晶所化解。今天要谈的是另外一个重大误导，即"业主大会采用招投标的方式选聘物业服务企业"这一理念的失误导致不符合逻辑的制度设计。

尽管建设部颁布的《前期物业管理招标投标管理暂行办法》规定开发商必须通过招投标方式选择物业服务企业。但我们都知

---

① 《物业管理条例》，中华人民共和国国务院令，第 379 号，2003 年 6 月 8 日，第二章。

道，其并未强制规定开发商必须通过股东大会且超过一半以上的股东同意。也就是说，在实际商业活动中，是股东大会决定、董事会决定或总经理、CEO 决定，那都是开发商自己的事情，法律不干涉。

规制业主组织的《中华人民共和国物权法》（以下简称"《物权法》"）和《条例》都规定了选聘物业服务企业不但必须是业主共同决定，而且还规定了共同决定的通过比例。这就从法律上强制要求"业主共同决定"从而禁止了"业主共同决定授权他人决定"。

这一点，在《北京市物业管理办法》配套的《北京市住宅区业主大会和业主委员会指导规则》中也通过"由业主共同决定的事项不得授权业主委员会直接行使"[①] 的指导意见而进一步明确。

"业主大会通过招投标的方式选聘物业服务企业"这一概念，最初见于 2003 年《条例》配套的建设部文件中[②]。它使得下级政府乃至全社会都认为业主大会选聘物业服务企业应该通过招投标方式进行。

[①] 《北京市住宅区业主大会和业主委员会指导规则》第四十二条规定：
业主委员会执行业主大会的决定，接受业主的监督，依法履行下列职责：
……
（十二）业主大会赋予的其他职责，但《北京市物业管理办法》第十一条规定由业主共同决定的事项不得授权业主委员会直接行使。

[②] 《前期物业管理招标投标管理暂行办法》（建住房〔2003〕130 号），2003 年 6 月 26 日，第四十三条规定：
业主和业主大会通过招投标的方式选聘具有相应资质的物业管理企业的，参照本办法执行。

随后，《北京市物业管理招标投标办法》干脆就将业主大会这一业主共同决定的重要组织形式直接划归这个办法的适用主体了①。而《北京市国土资源和房屋管理局关于业主大会招标有关问题的意见》② 更把业主大会招投标选聘物业服务企业的流程制度化。

在不到一年的时间里，以"业主大会选聘物业服务企业采用招投标的办法进行"的理念，构建完成了相关的制度设计。

而在 2007 年实施的《物权法》及 2007 年修订的《条例》中提出了"业主共同决定"的概念，并规定"选聘和解聘物业服务企业"由业主共同决定。③

实际上，2003 年起建设部、北京市政府文件的引导以及灌输给社会公众"由业主共同决定授权业委会采用招投标过程决定"的理念和方法，并未随着《物权法》的生效而改变。

2010 年，随着《北京市物业管理办法》的出台，市建委颁发了《北京市住宅区业主大会和业主委员会指导规则》，明确了"《北京市物业管理办法》第十一条规定由业主共同决定的事项不得授权业主委员会直接行使"。

---

① 《北京市物业管理招标投标办法》（京国土房管物〔2003〕848 号），2003 年 9 月 25 日，第三条规定：
物业管理招标人是依法提出招标项目，进行招标的开发建设单位、业主大会或产权人。

② 文件号为：京国土房管物〔2004〕216 号，2004 年 3 月 2 日。

③ 《物权法》第七十六条第四款"选聘和解聘物业服务企业或者其他管理人"。《条例》第十一条第四款"选聘和解聘物业服务企业"。

那么，法定由业主共同决定的事项，能由业委会（或其他机构）代理（被授权）行使吗？法定由业主共同决定选聘和解聘物业服务企业的职责，能被政府行政部门规定必须采用招投标的方式吗？如果不能，那到底用什么办法呢？其实，这里面有一连串的法理、法律和逻辑问题值得我们探讨。

从民事权利可以委托代理的角度看，按照《中华人民共和国民法通则》（以下简称《民法通则》）中"公民、法人可以通过代理人实施民事法律行为"① 的逻辑，假定业主大会是法人，那么它可以授权特定机构来行使权利。但这样，采用什么方式行使权利则是委托人即业主大会的权利。也就是说，决定是否采用招投标的方式选聘物业服务企业，是业主大会决定的权利范围而非法定或政府行政法规规定的范围。

但由于"业主共同决定"是一种《物权法》确立的极其特殊的民事活动形式，我认为其适用于《民法通则》"依照法律规定或者按照双方当事人约定，应当由本人实施的民事法律行为，不得代理"的法律规定。所以，一个法定应该由群体决定的事项，只有群体内部的协商、讨论和之后的投票这一种方式！也就是说，那些可以授权出去（由代理人）完成的事项，群体是可以投票表决是否规定代理人必须采用某种特别的方式或过程；而对于那些不能授权出去的事项，就只能由群体自己投票表决了。

换句话说，《物权法》第七十八条全部七款的事项，都不能以业主大会授权他人采用任何方法代理完成的方式进行，而应该

---

① 《民法通则》第六十三条。

由业主大会直接决定。

法律规定应该由"业主共同决定"的事项，并不因业主大会成立而天然变成"由业主大会决定"，除非业主大会决定的表决形式和比例与《物权法》规定业主共同决定的条件（"双过半"）无异。

这也是《物权法》《条例》自始至终都将业主大会和业主共同决定的事项分开表述的原因。

综上，由于政府有关部门的法规起草者和行政首长没有在概念上弄清楚"业主共同决定"和"业主大会"的本质区别，再加上《条例》出台之前政府和社会上普遍认为业委会（北京称"物业管理委员会"）有选聘、解聘物业服务企业的权利，为了防止业委会滥用这种权利，签发出台了这样的法律。

综观西方发达国家和地区的业主组织法律、制度设计和实践中，选聘管理人的事情和一般公司制度无异，即由业主组织的理事会（The Board of Directors of the Association）那几个理事来决定。为什么中国的制度设计把这个事物的权利规定由"业主共同决定"（相当于规定由公司的股东大会决定）了呢？这也许与我们国家国民处理共同事物的观念、能力都处在转型期有关。

也许在中国，只有通过所谓"全民公决"或"直接民主"的方式作出的决定，才在大众心中有些许正义性。而少数人即便是依照多数人授权甚至法定授权作出的决定，如果结果大家不满意，也很难被大众接受。也就是说，我国国民还普遍没有为自己投票选举的机构的行为承担后果的理念。在这种情况下，从小区稳定即是社会稳定的基石的角度考虑，目前立法规定选聘物业服务企业由业主共同决定而不是少数人决定是非常合理和必要的。当然，随着大众对更换物业服务企业效率的追求以及业主群体与业委会这两层机构之间建立起稳定、持续的信任关系，"由业主共同决定"的低效率但更趋近于正义的选聘物业服务企业的法律，也会随之修改。

今天我们都了解，业主委员会并没有选聘、解聘物业服务企业的权利，业主大会也不能授权业委会来选聘，更不能授权业委会再委托招投标企业来选聘。准确地说，业主大会也没有选聘、解聘物业服务企业的权利，除非业主大会会议的表决机制与《物权法》《条例》规定的"应当经专有部分占建筑物总面积过半数的业主且占总人数过半数的业主同意"即俗称的"双过半"完全一致，即此时的业主大会决定，在实体上"符合业主共同决定的条件"而已。

再来看看社会现状，从2003年至今，"业主大会采用招投标的方式选聘物业服务企业"的小区是否稳定和谐呢？业主们是否普遍认可了这种方式的正义性呢？

大家都清楚，由于招投标的结果是来源于几个专家评委几十分钟的决策，这个过程根本无法把物业管理过程中诸如物业管理方式、服务内容、服务标准和收费方案的差别和好坏代替全体业主进行比较和评判，往往导致中标企业和其带来的物业管理方式、服务内容、服务标准和收费方案等并不是业主们喜欢的，而且业主们也无权参与上述内容的讨论。这就使得即便更换物业服务企业的活动顺利完成，随后的物业管理活动仍然纠纷不断。因为，每个业主从心理上都没有能说服自己认可现状的"我表决过"

或 "'双过半'的业主邻居们表决过"的依据。相反,"凭什么那几个专家就代表了我们上千户业主"成为自己对物业服务企业产生逆反心理的合理理由,而"应该采用招投标"这个法律(即便有)在这种情况下也不被敬畏,因为当事人自己的参与、投票的权利和权利的行使没有通过这样的法律得到保护。

从实际操作层面,又如何实现业主共同(表决)决定选聘、解聘物业服务企业呢?其实很简单。我在2006年写过一篇文章《业主大会选聘物业管理企业的方法以及决议采用招投标方式选聘物业管理企业具体方法的探讨》(链接如下:http://house.focus.cn/showarticle/746/534781.html),尽管当时我还没有现在对"业主共同决定"和"业主大会决议"本质的认识,但朴素的直觉和对业主群体的了解,使我形成了一套"业委会通过招投标程序选择提交业主共同决定(业主大会会议)的候选人"的思路。

这是因为,在业主共同决定选聘物业服务企业的投票过程中,"那个备选企业是怎么产生的"将是投票的业主们最容易质疑的问题,它会对表决结果产生重要影响。业委会本身是业主大会会议的召集人,是业主大会议案的提出人,它提出候选物业服务企业名单从法律上是应该的。但具体候选企业名单的产生,如果是通过类似招投标等公开方式,那么一定会增加每个业主在表决时的信心,利于业主共同作出决定。

经验告诉我们,物业服务合同的内容其实比具体企业名称对物业管理的影响更大,诸如物业管理方式、服务内容、服务标准和收费方案等合同条款,如果任由业委会来决定而业主们只能表决决定企业名称,那不符合业主共同决定选聘物业服务企业的法律精神。毕竟立法本意不是业主共同决定选聘物业服务企业名称而重点是"选"和"聘"。选，就要对各种条件进行比较，最终是要由业主们来选择；聘，就要有聘书（委托合同）且用具体文字描述和固定这些具体的条件。业主委员会只不过是在聘书上签字和递交聘书的执行人而已。

综上所述，今天该到了还"业主共同决定"选聘物业服务企业的权利的时候，到了该抛弃"业主大会授权业委会采用招投标选聘物业服务企业"理念的时候！

只有让全体业主知晓且经过"双过半"的业主共同决定包括物业服务企业和合同文本全部内容在内的全部信息，业主们才能从内心认可、敬畏、执行这个合同，才会认真履行自己应尽的业主义务，才会根据合同条款而不是自己的好恶来评价物业服务企业的服务水平，才可能在发生纠纷时形成基于合同文本内容的、理性的、协商讨论和必要时通过诉讼解决的习惯，实现业主组织的和谐稳定运转并最终实现社区的和谐和稳定。

后　记

2014年有几个年轻人跟我说：舒老师，您论坛里的问答太有用了，都能出本书了！我倒是想过整理这些问题，这些问题多少反映了作为业主的一个群体在很长一段时间的挣扎和困惑，但弄成书的事还真没提上日程。我就顺嘴说，好啊！你们弄吧，我出钱，你们出力。版权归我，收入归你们。几个年轻人商量后告诉我说，卖了钱我们可以用来出下一本书啊，就这么循环下去嘛。这真的令我感动！就这样，来自各行各业的六个年轻人组成了一个"参与式编辑小组"，他们商量好了讨论的规则，并建立了例会机制，开始整理从2002年3月28日持续至今的上万条总计500多万字的问答。

今年5月，他们告诉我初稿已经整理完毕！我真佩服和感谢这几个年轻人的执着。他们挑选了上百个有意思的问答整理成书稿，涉及作为一个生活在小区里的普通人应该了解的关于物业管理和业主委员会的方方面面的问题，特别还包括了诸如停车费涨价、空调室外机脱落、电梯坏掉、吵人的邻居等很多人都会遇到的具体烦恼。

目前书稿已经交给人民出版社进行最后审核。

在这里特别感谢为这本书写序的董藩老师、毛寿龙老师、北野老师以及提供过帮助的其他老师。

总之，我从 1999 年开始踏入这个领域，要感谢的人太多太多。而恰恰是"参与式编辑小组"这群年轻人，给了我一个向所有帮助过我的人表示感谢的载体。

舒可心

2016 年 6 月